Elfriede Hammerl
Hotel Mama

Elfriede Hammerl

Hotel Mama

Nesthocker, Nervensägen und Neurosen

Deuticke

Die Texte »Harrison Ford«, »Kirstens Mutter«, »Karrierefrau«, »Mein Kontrollzwang«, »Neurosen«, »Schleimspur«, »Socken wegräumen«, »Therapiesitzung« und »Zwei Freundinnen« sind zuerst in der Zeitschrift *profil* erschienen.

1 2 3 4 5 11 10 09 08 07

ISBN 978-3-552-06066-1

Satz: Eva Kaltenbrunner-Dorfinger, Wien
Druck und Bindung: Ebner & Spiegel, Ulm
Printed in Germany

Girlie wird Hausfrau

Mutter und halbwüchsige Tochter.
Beide abends daheim. Mutter arbeitet Akten auf.

Tochter Gibt's keine Kekse?
Mutter Doch, schau halt nach.
Tochter Hab schon. Nix gefunden.
Mutter Aber ja, Lebkuchenherzen müssen noch da sein –
Tochter Igitt.
Mutter Und Haselnusswaffeln –
Tochter Ich meinte *essbare* Kekse.

Schweigen. Mutter arbeitet.

Tochter Wann hast du eigentlich zuletzt einen Kuchen gebacken?
Mutter Frag deinen Kalender. Den Tag hast du doch sicher rot angestrichen.
Tochter Hätt ich gern. Aber leider. Da war nix zum Anstreichen.
Mutter Hör auf zu nerven.
Tochter Ist das alles, was du zu deinem hungernden Kind sagst: *Hör auf zu nerven*?
Mutter Kannst du nicht dezenter hungern? Ich muss das hier fertig kriegen.
Tochter Ach, ja, entschuldige: Deine Arbeit geht vor. Hab ich vergessen. Nur so eine Frage: Wie wär's mit etwas Familienleben, zur Abwechslung?
Mutter Ich war heut Nachmittag mit dir Jacke kaufen. Schon vergessen?

Tochter Na und? Andere Mütter gehen dauernd mit ihren Töchtern shoppen.

Mutter Vor allem, wenn sie Hilton heißen.

Tochter Du hättest ja *auch* reich heiraten können.

Mutter Verdammt! Warum hast du mir das nicht früher gesagt!

Tochter Du gibst doch immer an, dass dich so viele Typen angebaggert haben, und wie toll die nicht waren und alles.

Mutter Und?

Tochter Hättest halt einen genommen, der Kohle hat.

Mutter Nur um Missverständnisse auszuräumen: Ich hab deinen Vater nicht im Armenhaus getroffen.

Tochter Nein, und du *willst* ja auch unbedingt arbeiten, weil alles andere gegen deine *Emanzenehre* wäre.

Mutter Ich will arbeiten, weil mich meine Arbeit interessiert. Und weil ich die Miete zahlen muss.

Tochter Ich werd mich später einmal nicht so stressen, das sag ich dir. Ich bin nicht so karrieregeil.

Mutter Ist gut.

Tochter Nein, im Ernst. Ich versteh nicht, was schlecht sein soll am Daheimbleiben.

Mutter Kommt drauf an, wo du daheim bist. Und wie.

Tochter Ich meine, ich werde mich um meine Kinder kümmern.

Mutter Ich hab dich doch auch nicht verstoßen. Oder?

Tochter Nein, ich meine, ich werde mich *nur* um meine Kinder kümmern.

Mutter Indem du mit ihnen shoppen gehst?

Tochter Ja, das auch.

Mutter Hör einmal, du räumst den Geschirrspüler nicht aus, du kennst die Waschmaschine nur vom Hörensagen, du hast noch nie Staub gesaugt. Und du willst *Fulltime*-Hausfrau werden?

Tochter Ich habe gesagt, ich werde mich um meine Kinder kümmern, nicht um den Staubsauger.

Mutter Ja, aber Kinder machen Dreck. Kinder brauchen saubere Kleidung. Kinder brauchen Mahlzeiten. Mahlzeiten erzeugen schmutziges Geschirr.

Tochter Für diese Arbeiten werde ich Personal haben. Madonna saugt auch nicht Staub.

Mutter Aber Madonna casht enorm. Und übrigens ist sie berufstätig.

Tochter Ich werde einen Mann haben, der casht.

Mutter Und wenn ihr euch scheiden lasst? Sowas kommt vor, weißt du.

Tochter Dann muss er zahlen.

Mutter Wie viel?

Tochter Viel.

Mutter Wenn er nicht genug hergibt?

Tochter Ich werde mir einen guten Anwalt nehmen.

Mutter Wenn er nicht genug hat?

Tochter Er muss eben genug haben. Sonst nehm ich ihn gar nicht.

Mutter Du suchst ihn nach dem *Kontostand* aus?

Tochter Du tust so, als wären die Reichen auf jeden Fall unattraktiv.

Mutter Gib den Reichen eine Chance, verstehe.

Tochter Genau.

Mutter Trotzdem. Sex gegen Kohle, das hat einen Hauch von Hurerei. Oder?

Tochter Ich hab ja nicht gesagt, dass ich einen heirate, den ich nicht liebe. Man kann doch auch einen lieben, der Zaster hat.

Mutter Ja, sicher. Man kann auch einen Lottosechser machen.

Tochter Musst du mich immer entmutigen?

Mutter Ich meine doch nur, dass reich heiraten kein Beruf ist. Und geschieden sein schon gar nicht.

Tochter Wieso? Liest du keine Zeitungen? Weißt du, was die so ablegen, die Promis, wenn sie sich über die Häuser hauen?

Mutter Ich lese Zeitungen. Da steht drin, dass drei von fünf Alleinerzieherinnen an der Armutsgrenze leben. Denkst du, die haben sich das extra vorgenommen?

Tochter Die einen schaffen's, die anderen nicht. Das ist doch überall so. In einem Beruf kann ich auch scheitern.

Mutter Naja, es ist ein Unterschied, ob du selber scheiterst, oder ob du darauf angewiesen bist, dass ein anderer Erfolg hat.

Tochter Aber *wenn* er Erfolg hat, bin ich fein raus.

Mutter Wenn er Erfolg hat, bist du darauf angewiesen, dass er ihn mit dir teilt.

Tochter Geh bitte! Find'st du das wirklich so toll, den ewigen Stress und die viele Arbeit und das Ganze?

Mutter Nein.

Tochter Siehst du.

Mutter Was?

Tochter Na, wär es nicht besser, wenn du jetzt keine Akten durchackern müsstest?

Mutter Um stattdessen *was* zu tun?

Tochter Kuchen zu backen?

Mutter Nein, das wär nicht besser.

Tochter *(staunend)*: Die Doppelbelastung ist dir lieber?

Mutter Belast mich halt nicht.

Tochter Ich belaste dich?

Mutter Wenn du nach Kuchen schreist.

Tochter Was ist so furchtbar am Kuchenbacken?

Mutter Ich sage nicht, dass es furchtbar ist.

Tochter Aber?

Mutter Ich tu's ja auch. Ab und zu. Wenn es sich ausgeht.

Tochter Es geht sich doch nicht aus.

Mutter Wenn es sich *nicht* ausgeht, sind mir meine Akten lieber. Und mehr Geld bringen sie auch ein.

Tochter Du bist so materialistisch.

Mutter Du nicht?

Tochter Ja, aber … Du bist eine *Mutter*!

Mutter Ja, und?

Tochter Mütter sind anders. Normalerweise.

Mutter *Wie* anders?

Tochter Idealistisch.

Mutter Wer bestimmt das?

Tochter Das ist einfach so.

Mutter Ich bin dafür, dass die Mütter das selber bestimmen dürfen.

Tochter Nein. Das kommt einfach so über dich.

Mutter Tut mir leid. Bei mir ist es ausgeblieben.

Pause. Die Mutter arbeitet weiter.

Tochter Vielleicht bin ich ja eh berufstätig. Später.

Mutter Gute Idee.

Tochter Dann mache ich aber Karriere.

Mutter Gute Idee.

Tochter Aber so *richtig*, weißt du.

Mutter Okay.

Tochter Nein, im Ernst.

Mutter Na klar.

Tochter Die wirklich Erfolgreichen machen nicht alles selber, weißt du.

Mutter Nein, bestimmt nicht.

Tochter Man muss nämlich auch delegieren können.

Mutter Oh, das kann ich. Delegieren ist leicht. Nur jemanden zu finden, der dann macht, was man an ihn delegiert, ist schwer.

Tochter Nicht, wenn man ein Alpha-Tier ist.

Mutter Wie du.

Tochter Genau.

Mutter Okay. Und jetzt lass mich bitte ungestört vor mich hin versagen, ich werd nämlich sonst nicht fertig.

Tochter Du tust mir leid, ehrlich.

Mutter Und ich wünsch dir, dass *du* mir nie leidtun musst.

Tochter ???

Mutter Ganz schön selbstlos von mir, was?

Tochter Findest du?

Mutter Ja. Aber Mütter sind so.

Geld borgen

Ein Sohn zu Besuch bei seinen Eltern.

Sohn Ach ja, übrigens, ich hab eine kleine Bitte: Könnt ihr meine Miete überweisen? Ich zahl sie euch dann zurück.

Mutter Zahl doch gleich deine Miete, das ist einfacher.

Sohn Ich komm nie rechtzeitig auf die Bank. Wenn ich Zeit habe, haben die zu.

Vater Was ist mit einem Einziehungsauftrag?

Sohn Dazu müsste ich erst einmal eine geöffnete Bank finden.

Mutter Dann überweis doch per Telebanking.

Sohn Ist mir zu unsicher.

Mutter Du wickelst doch sonst auch alles übers Internet ab.

Sohn Eben deswegen. Glaub mir, ich kenne mich aus.

Vater Du nimmst nur Bargeld in die Hand?

Sohn Nein, wieso?

Vater Wenn du nie auf die Bank kommst und dir Telebanking zu unsicher ist –

Sohn Ich hab eine Kreditkarte.

Vater Und wie zahlst du die Kreditkartenrechnung?

Sohn Was denkst du? Per Einziehungsauftrag, wie jeder Mensch.

Vater Siehst du.

Sohn Ich werd schon noch einen Einziehungsauftrag für meine Miete einrichten. Sobald ich dazukomme.

Vater Anno 2050?

Sohn Ich versteh euch wirklich nicht. Ich bitte euch doch

nur um einen kleinen Gefallen. Ist das zu viel verlangt?

Mutter Hör einmal, wir haben dir doch angeboten, dass wir deine halbe Miete übernehmen, wenn du dann besser über die Runden kommst –

Sohn Nein, danke, das will ich nicht. Kommt nicht in Frage.

Vater Offensichtlich doch.

Sohn Ich will mir das Geld nur *borgen*! Das ist ein Unterschied.

Vater Borgen setzt voraus, dass du es auch zurückzahlst.

Sohn Richtig. Genau das habe ich vor.

Vater Wann?

Sohn Du bist sowas von kleinlich! Das ist unfassbar.

Mutter Nein, wir sind sowas von großzügig. Wir zahlen deine Miete. Wir haben dir Geld für deinen Urlaub vorgestreckt. Sogar das Geburtstagsgeschenk für deine liebe Sandra haben wir gezahlt –

Sohn Und soll ich euch was sagen? Die liebe Sandra zum Beispiel hat von ihren Eltern eine Eigentumswohnung geschenkt bekommen! Hundertzwanzig Quadratmeter in bester Citylage. Von wegen großzügig.

Mutter Hundertzwanzig Quadratmeter in Citylage können wir uns nicht leisten. Aber die halbe Miete –

Sohn Ich möchte von euch nichts geschenkt. Das ist der springende Punkt. Ich bin selbständig! Ich liege euch nicht auf der Tasche! Ich borge mir höchstens was aus. Das solltet ihr mir hoch anrechnen. Wenn ihr euch anschaut, wie andere ihre Alten ausbeuten.

Mutter Du bewohnst deine Wohnung seit sechs Monaten. Und jeden Monat bittest du uns, wir sollen dir das Geld für die Miete *borgen* –

Sohn Gut, dann borgt mir eben nichts mehr. Ich kann mir natürlich auch einen Kredit aufnehmen.

Vater Kannst du nicht. Dazu müsstest du auf die Bank.

Mutter Noch einmal: Wir wollen dir doch helfen. Warum sagst du nicht einfach Danke und nimmst unser Angebot an?

Sohn Ich will nicht Danke sagen!

Vater Genau. Da liegt der Hund begraben. Du willst nicht Danke sagen.

Sohn Und? Ist das so schlimm, wenn man seinen Stolz hat?

Mutter Vielleicht kommen wir uns gepflanzt vor.

Sohn Wieso?

Mutter Du kriegst unentwegt Geld von uns und erzählst überall herum, dass du dich ganz allein erhalten musst.

Sohn Es geht also nur um eure Eitelkeit? Ihr schämt euch, weil ihr euren Sohn nicht unterstützt?

Vater Wir unterstützen dich ja.

Sohn Anscheinend nicht genug. In euren Augen. Ich verlange ja gar nichts. Ich sage ja nicht, dass ihr mir eine Hundertzwanzig-Quadratmeter-Eigentumswohnung kaufen sollt. Ich wollte nur, dass ihr mir das Geld für die Miete borgt. Aber euch ist das peinlich. Ihr wollt als die großen Spender dastehen.

Mutter Spinnst du? Es geht doch auch darum, dass du dir nicht dauernd selber in den Sack lügst. Du lebst auf großem Fuß und machst dir vor, dass du unheimlich sparsam und wirtschaftlich bist.

Sohn Bin ich doch auch. *Auf großem Fuß*! Ihr habt keine Ahnung, was das ist.

Vater Stimmt. Uns bleibt nicht viel, nachdem wir alle

Mieten und Autoraten und sonstigen Rechnungen geblecht haben.

Sohn Das Auto zahle ich euch zurück! Das hab ich doch gesagt! Wieso glaubt ihr mir das nicht?

Vater Vielleicht, weil du noch nie was zurückgezahlt hast?

Sohn Ich verdiene eben nicht so viel wie du. Du weißt doch, wie das ist. Die Jungen schuften und die Alten kassieren die großen Gehälter.

Vater Du meinst, du musst uns nichts zurückzahlen, weil dir eigentlich sowieso der größere Teil von unserem Einkommen zusteht?

Sohn Also moralisch gesehen müssten die Jüngeren mehr kriegen und die Alten weniger. Das stimmt.

Mutter Ich hab mein Leben lang geschuftet. Als ich jung war, hab ich weniger verdient, weil ich jung war. Und jetzt soll ich weniger verdienen, weil ich alt bin?

Vater Das Ganze ist offenbar ein Fall von eiskalter Enteignung. Warum sprichst du von *borgen*?

Sohn Ich kann euch doch nicht *enteignen*!

Vater Richtig. Die Gesetzeslage. So ein Pech aber auch.

Sohn Papa! Jetzt hör schon auf. *So* reich seid ihr auch wieder nicht.

Mutter Du enteignest uns bloß deswegen nicht, weil wir dir nicht reich genug sind?

Sohn Nein, ich enteigne euch gar nicht. Im Gegenteil. Ich lasse mir ja nicht einmal was schenken. Ich meine nur, wenn ich wen enteignen würde, dann die richtig Reichen. Die, die sich erfolgreich vermarktet haben.

Vater Was soll das wieder heißen?

Sohn Naja, geh jetzt bitte nicht in die Luft, aber – also, findet ihr, ihr habt das Optimum aus euren Möglichkeiten herausgeholt? Ich weiß schon, Generationenfrage und so, euch haben sie eingetrichtert, dass Bescheidenheit eine Zier ist, aber im Endeffekt –

Vater Jetzt schlägt's dreizehn!

Mutter Wenn *du* zu wenig verdienst, bist du das Opfer einer Weltverschwörung der Alten gegen die Jungen, aber wenn *wir* nicht reich sind, sind wir bloß untüchtig? Ist das dein Ernst?

Sohn Mit euch kann man nicht diskutieren. Ihr nehmt alles persönlich.

Vater Welche *Unperson* meinst du denn, wenn du sagst, ich habe meine Möglichkeiten nicht genutzt?

Sohn Papa, es hat keinen Sinn. Du willst mich nicht verstehen. Also, wie ist das jetzt mit meiner Miete? Kann ich mich auf euch verlassen oder muss ich der Sandra sagen, sie soll ohne mich nach Casablanca fliegen?

Mutter Casablanca?

Sohn Ja, wir wollten nächstes Wochenende nach Marokko. Aber wenn ich jetzt sofort meine Miete überweisen muss –

Vater Casablanca zahlst du aus der eigenen Tasche?

Sohn Selbstverständlich. Was hast du geglaubt?

Mutter Was machst du da?

Sohn In Casablanca?

Mutter Nein, mit unserer Mikrowelle.

Sohn Ach, so, entschuldige, ich hab gedacht, ich hätt's euch schon gesagt. Ich borg sie mir aus.

Mutter Du nimmst sie mit?

Sohn Naja, ich brauch eine. Und ihr benützt die ja kaum –

Mutter Das ist doch unglaublich! Ich wollte dir noch eine kaufen, aber du –

Sohn	Nein, danke, lieb von dir, aber sowas besorg ich mir lieber selber, wer weiß, was du dir aufschwatzen lässt.
Vater	Du *besorgst* sie dir in unserer Küche?
Mutter	Soll er sie halt behalten, dann kauf ich eben für uns eine neue.
Sohn	Ich will sie nicht behalten! Ich BORGE sie mir nur aus!!!

Das hab ich von dir

Mutter und erwachsener Sohn treffen einander mittags in der Stadt. Während sie essen:

Sohn Ich sag's gleich, ich hab nicht viel Zeit.

Mutter Ja, ich muss auch wieder ins Büro.

Sohn Der Jens hat es nämlich im Moment leider auf mich abgesehen.

Mutter Dein Chef?

Sohn Ja. Der Erbsenzähler.

Mutter Inwiefern?

Sohn Pünktlichkeitsfanatiker. Tut, als ginge die Firma zugrunde, wenn man eine Minute zu spät kommt.

Mutter *Eine* Minute?

Sohn Was ist das für eine Frage? Du klingst ja wie er.

Mutter Naja, Pünktlichkeit ist nicht gerade deine Stärke. Sei ehrlich.

Sohn Ja, und weißt du, von wem ich das hab? Von dir.

Mutter Was heißt das, das hast du von mir?

Sohn Der Papa ist pünktlich.

Mutter Der Papa kann leicht pünktlich sein, der geht einfach aus dem Haus. Ich muss immer noch hunderttausend Sachen erledigen, bevor ich –

Sohn Jeder, der unpünktlich ist, hat hunderttausend Ausreden.

Mutter Das ist keine Ausrede. Was soll ich denn tun, wenn die Katze kotzt, genau in dem Moment, in dem ich gehen will? Sie einfach kotzen lassen?

Sohn Der Papa lässt sie.

Mutter Der kratzt ja auch nachher nicht die Kotze vom Teppich.

Sohn Mama, bitte. Bei jeder Schulaufführung bist du zu spät gekommen. Du hast keinen Auftritt von mir jemals ganz erlebt.

Mutter Das ist nicht wahr.

Sohn Weißt du noch, das peinliche Krippenspiel in der Volksschule? Ich hab einen einzigen Satz gehabt. Und den hast du verpasst.

Mutter Ich habe nicht damit gerechnet, dass ein Hirte so wenig zu reden hat.

Sohn Und damals hatten wir keine Katze.

Mutter Wie viele Jahre ist das jetzt her? Für einen jungen Menschen hast du ein erstaunliches Langzeitgedächtnis. Du weißt, damit punkten normalerweise nur die Alten. Geschichten aus der Kindheit.

Sohn Was ich sagen will, ist, dass ich von dir keine Pünktlichkeit lernen konnte.

Mutter Von mir konntest du auch nicht Pokern lernen. Und trotzdem pokerst du.

Sohn Weißt du, was ich nicht verstehe? Du kannst nie zugeben, dass du was falsch gemacht hast.

Mutter Wenn *du* unpünktlich bist, habe *ich* was falsch gemacht?

Sohn Ja. Schon.

Mutter Du meinst, diese frühkindliche Prägung, die darin besteht, dass ich zu spät zu deinem Krippenspiel gekommen bin, die wirst du nie mehr los?

Sohn Deine Unpünktlichkeit *hat* mich geprägt. Ja.

Mutter Wieso nur die? Was ist mit meiner Ordnungsliebe, mit meinem Pflichtgefühl, mit meiner Zuverlässigkeit?

Sohn Das sind Charaktereigenschaften. Die Unpünktlichkeit ist eine Gewohnheit. Man übernimmt die Gewohnheiten, nicht den Charakter.

Mutter Ich bin eine gewohnheitsmäßige Leserin von Büchern. Ich esse viel Gemüse. Ich höre Schubert. Ich gebe nicht mehr aus, als ich verdiene. Alle diese Gewohnheiten haben keinerlei Spuren bei dir hinterlassen. Du liest keine Bücher, die ernährst dich von Steaks, du hörst alles Mögliche, nur nicht Schubert, und du gibst grundsätzlich mehr aus, als du verdienst. Aber meine Unpünktlichkeit, die hast du übernommen. Ein Phänomen, oder?

Sohn Mama! Tu doch nicht so. Das weißt du doch auch, dass Mütter einen enormen Einfluss haben. Klar, ich hab nicht alles von dir, glücklicherweise, aber manches eben doch.

Mutter Hinter jedem Defekt steckt eine Mutter?

Sohn Ja. Klar. Davon lebt die Psychotherapie.

Mutter Ich wundere mich.

Sohn Wieso?

Mutter Es macht euch zum Beispiel keine Schwierigkeiten, euch von unserem Geschmack zu emanzipieren. Ihr findet unseren Einrichtungsstil scheußlich, ihr nörgelt an unseren Outfits herum, ihr könnt unsere Freunde nicht leiden –

Sohn Das gehört zum Erwachsenwerden.

Mutter Richtig. Aber sobald was schief läuft, habt ihr's leider von uns nicht besser gelernt.

Sohn Aber so ist es doch! Was glaubst du, warum ich so wenig Bock auf Fremdsprachen habe?

Mutter Du wirst es mir gleich sagen.

Sohn Weil du mich mit deiner Lustlosigkeit angesteckt hast.

Mutter	Wie bitte? Ich interessiere mich doch für Fremdsprachen! Gerade mach ich wieder einen Spanischkurs.
Sohn	Jedes Mal, wenn du mit mir Spanisch gelernt hast, warst du total angefressen.
Mutter	Ja, auf dich.
Sohn	Sag ich doch. Lustlosigkeit.
Mutter	Aber nicht auf Spanisch. Ich hatte nur keine Lust, mich mit einem zu plagen, der keine Vokabeln lernen wollte.
Sohn	Das meine ich. Du hast mir den Eindruck vermittelt, dass Sprachenlernen eine Plage ist.
Mutter	Ganz ohne Plage geht's ja auch nicht.
Sohn	Siehst du.
Mutter	Für andere Sachen hast du dich freiwillig geplagt. Schifahren, Judo, Fußball. Da hast du eben so lange geübt, bis du's konntest.
Sohn	Ja, und?
Mutter	Für Spanisch hast du dich einfach nicht interessiert.
Sohn	Muss man sich unbedingt für Spanisch interessieren? Ich frag nur.
Mutter	Nein, muss man nicht. Aber man muss die Schuld für sein Desinteresse auch nicht seiner Mutter in die Schuhe schieben.
Sohn	Jetzt sei nicht gleich beleidigt! Du bist so immer so empfindlich.
Mutter	Das hab ich von meiner Mutter.
Sohn	Nein, wirklich.
Mutter	Eh wirklich. Erinnere dich, wie angerührt sie war! Sollten wir nicht gehen?
Sohn	Warum?
Mutter	Weil du nicht viel Zeit hast.

Sohn Hör einmal, ich bin ein erwachsener Mensch.

Mutter Ja, und?

Sohn Glaubst du nicht, ich weiß selber, wann ich gehen muss?

Mutter Entschuldige. Aber du hast gesagt –

Sohn Aber bitte, wenn du kneifen willst –

Mutter Kneifen?

Sohn Weil du nicht gern hörst, dass du Fehler hast –

Mutter Ich weiß, dass ich Fehler habe.

Sohn Ja, was für welche? Aus deiner Sicht?

Mutter *(seufzend)*: Ich bin zu gut für diese Welt.

Sohn Und enorm pünktlich?

Mutter Nein, bin ich nicht.

Sohn Aber deine Unpünktlichkeit ist *kein* Fehler?

Mutter *Meine* Unpünktlichkeit ist *mein* Fehler. *Deine* Unpünktlichkeit ist *dein* Fehler.

Sohn Du machst es dir zu einfach.

Mutter Wieso? Du bist ein erwachsener Mensch.

Sohn Trotzdem: Disziplin lernt man im Elternhaus.

Mutter Hättest du halt von deinem pünktlichen Vater Disziplin gelernt.

Sohn Der war ja nie zu Haus.

Mutter Weil er pünktlich woanders war.

Sohn Genau.

Mutter Tut mir leid, dass ich mehr daheim war als er. Ich wollte dir was Gutes tun. Und dabei hab ich dir so sehr geschadet. Ein Jammer.

Sohn Gibst du mir bitte die Karte?

Mutter Welche?

Sohn Die Speisekarte.

Mutter Du willst noch was bestellen?

Sohn Ja. Warum?

Mutter	Ich hab geglaubt, du hast es eilig?
Sohn	Jetzt ist es schon wurscht.
Mutter	Wieso?
Sohn	Jetzt hast du mich so lange aufgehalten, da kommt's auf ein paar Minuten auch nicht mehr an.

Großmutter sorgt sich

Großmutter Wie geht's meinem Enkel? Was macht er?
Mutter Ist mit Freunden unterwegs. In der Stadt.
Großmutter In der Stadt? Wo?
Mutter Keine Ahnung.
Großmutter Du weißt nicht, wo dein Kind ist???
Mutter Das *Kind* ist 21!
Großmutter Ja, und? Ich hab immer gewusst, wo du bist.
Mutter Leider.
Großmutter Hast du vorgekocht? Damit er sich wenigstens etwas wärmen kann, wenn er vor dir heimkommt?
Mutter Bei uns gibt es doch nie was anderes als Wasser und Brot. Und ich glaube nicht, dass er *warmes* Wasser mag.
Großmutter Du musst nicht zynisch werden. Er braucht ordentliche Mahlzeiten. Er ist viel zu dünn.
Mutter Gemessen an Bud Spencer: ja.
Großmutter Er ist im Wachsen. Wenn er nicht ordentlich isst, wird er tuberkulös.
Mutter Mama! Soll ich ihm einen Cholesterinspiegel von 350 anzüchten?
Großmutter Papperlapapp! Die ganze Hysterie mit dem Cholesterin ist Unfug, das weiß man inzwischen. Aber die TBC kehrt zurück.
Mutter Weil wir bei den Leiden sind: Wenn ich weiter meine Zähne so zusammenbeiße, werd ich ein Fall für die Kieferorthopädie.
Großmutter Du bist für seine Gesundheit verantwortlich. Er arbeitet schwer. Er studiert den ganzen Tag.

Mutter *Ich* arbeite schwer. Sein Eifer beim Studieren hält sich in Grenzen.

Großmutter Ach, was. Du warst genauso.

Mutter Hör einmal, ich hab in Windeseile studiert!

Großmutter Ja, weil ich dich zum Lernen angehalten habe.

Mutter Du meinst, mit mir hat das nichts zu tun gehabt?

Großmutter Aber du bist ja viel zu wenig daheim, um ihn zum Lernen anzuhalten.

Mutter Du weißt schon, dass ich mich nicht zum Zweck des Orgienfeierns außer Haus begebe, oder?

Großmutter Darum geht es nicht. Es geht um Ursache und Wirkung. Denkst du vielleicht, ich war *gern* daheim?

Mutter Warst du nicht?

Großmutter Warum sollte ich? Glaubst du, ich habe mich beim Staubwischen selbst verwirklicht?

Mutter Ach, das alte Lied. Du hast dich *geopfert.*

Großmutter Richtig. Das Los der Mütter.

Mutter Vor allem, wenn sie es an ihre Töchter weitergeben.

Großmutter Ich möchte nur, dass es meinem Enkel gut geht.

Mutter Es geht ihm doch gut. Warum zweifelst du daran?

Großmutter Weil du dich nicht genug um ihn kümmerst.

Mutter Meinst du wirklich, dass ein erwachsener junger Mensch verhungert, wenn seine Mutter nicht den ganzen Tag hinter ihm herfliegt und ihm Häppchen in den Schnabel stopft?

Großmutter Er ist nicht *erwachsen.*

Mutter Komisch, als ich in seinem Alter war, hast du das anders gesehen.

Großmutter Und – hat's was genützt?

Mutter Schon vergessen? Ich hab gejobbt neben dem Studium! Ich war in Windeseile fertig und danach bin ich ausgezogen!

Großmutter Und deine Wäsche habe *ich* gewaschen. Noch Jahre danach.

Mutter Ja, weil du das unbedingt wolltest.

Großmutter Ich nicht. Du.

Mutter Warum hast du dich dann nicht gewehrt?

Großmutter Hab ich. Du hast es nicht ernst genommen.

Mutter Vielleicht warst du nicht energisch genug?

Großmutter Was hätte ich tun sollen? Dich enterben?

Mutter Ich denke, du hast nichts zu vererben?

Großmutter Eben.

Mutter Also, du tust ja so, als wäre ich ein verzogenes, parasitäres Balg gewesen.

Großmutter Du warst sehr verwöhnt, ja.

Mutter Bitte! Dazu warst du viel zu streng.

Großmutter Ich? Streng? Dass ich nicht lache!

Mutter Manchmal denke ich, wir haben nie zusammengelebt. Sonst müssten sich doch unsere Erinnerungen irgendwie decken.

Großmutter Ich mache mir einfach Sorgen um den Buben. Ständig nörgelst du an ihm herum. Das ist nicht gut.

Mutter Während du mich unterstützt und bestätigst.

Großmutter Du redest nur von dir. Von mir hast du das nicht.

Mutter Nein, Mama, du bist eine selbstlose Frohnatur, ich weiß.

Großmutter Bin ich auch. Verlange ich was von dir? Nein. Tante Trudes Tochter geht jeden Tag für sie einkaufen.

Mutter Wer jeden Tag einkaufen geht, ist ein Organisationstrottel.

Großmutter Es geht um die Geste.

Mutter Wann soll ich deiner Meinung nach das Geld verdienen, von dem dein Enkel und ich leben?

Großmutter Geld ist nicht alles. Man kann sparen. Ich musste immer sparen.

Mutter Okay, Mama, dein Leben war beschissen. Ändert sich was dran, wenn meins ebenfalls beschissen ist?

Großmutter Wie kommst du dazu, sowas zu sagen? Mein Leben war nicht beschissen.

Mutter Ich denke, du hast dich geopfert?

Großmutter Ich habe es gern getan.

Mutter Du hast dich *gern* geopfert?

Großmutter Wenn man seine Kinder liebt, ist es kein Opfer.

Mutter Apropos deine Kinder: Was ist mit meinem wunderbaren Bruder? Kümmert der sich ausreichend um dich?

Großmutter Natürlich.

Mutter Kauft er für dich ein?

Großmutter Sei nicht lächerlich. Er arbeitet den ganzen Tag.

Mutter Wozu? Um Geld zu verdienen? Warum spart er nicht lieber?

Großmutter Immer diese kindische Eifersucht.

Mutter Ach, der Arme! Arbeitet! Sowas! Wahrscheinlich kaufst *du* für *ihn* ein.

Großmutter Na und? Soll er abends, wenn er heimkommt, vor einem leeren Kühlschrank stehen?

Mutter *DU TUST WAS???*

Großmutter Du könntest ihn auch ab und zu zum Essen einladen. Aber du kochst ja nicht einmal für deinen Sohn.

Good guy

Ich möchte wirklich gern wissen, warum ausgerechnet ich die verständnisloseste Mutter von allen habe. Das war schon immer so. Alle anderen kriegten die coolsten Markensachen, nur meine Mutter: voll auf öko und alternativ. Immer derselbe Sermon: Labels sind ein Beschiss, kosten unnötig viel, kein Qualitätsunterschied, blah, blah, blah.

Doch, sagte ich, da ist ein Unterschied, mit Markensachen kann man sich sehen lassen, mit No-name-Shit nicht – aber natürlich: verschwendete Atemluft. Mammi taub, wie immer, wenn ihr was nicht passt.

Ich erinnere mich noch gut, als ich nachmittags mal bei Katharina ein Gespräch ihrer Eltern mit anhörte, in dem Katharinas Vater ungefähr so weltfremd argumentierte wie meine Mutter. Warum Heftmappen kaufen, die fünfmal teurer sind als die Billigdinger vom Diskonter? Darauf Katharinas Mutter: Helmut, begreifst du nicht, was *Gruppendruck* ist? Möchtest du, dass sich unsere Kinder als *Außenseiter* fühlen?

Dir ist es egal, ob ich mich als Außenseiterin fühle, sagte ich nachher zu Mammi, und sie kam mir wieder mit einem ihrer beliebten (bei *ihr* beliebt, nicht bei normalen Menschen!) Polit-Argumente: *Wer zu seinen Überzeugungen steht, muss notfalls auch Unbequemlichkeiten in Kauf nehmen*. Danach Vortrag über Massenhysterie, Verblödung, Lemminge – der ganze Krempel.

Meine Mutter war nie gut zu sprechen auf Katharinas Mutter. Sie tarnte sich zwar mit Freundlichkeit, wenn sie sie traf, aber kaum wollte ich, dass sie sich an ihr ein Beispiel nehmen sollte, spuckte sie Gift und Galle.

Frauensolidarität auf null.

Die hat leicht reden!, fauchte sie. Die muss ja die Kohle nicht verdienen, die sie ausgibt! Kann leicht megaverständnisvoll sein, wenn sie nichts ausbaden muss!
Meine Mutter hat diese *Good-guy-und-bad-guy*-Theorie, der zufolge Eltern sich die Rollen aufteilen wie die Cops in amerikanischen Filmen. Guter Bulle, böser Bulle. Es komme drauf an, sagt meine Mutter, dass man rechtzeitig die Rolle des guten Bullen erwische. Ich solle mir das merken für den Fall, dass ich selber einmal Kinder in die Welt setze.
Tatsächlich hat sie, wenn ihre These zutrifft, nicht den Part der Guten abbekommen. Das muss man leider anmerken.
Was hat mich diese Frau nicht schon genervt mit ihrer Sparsamkeit, ihrer Schwarzseherei, ihrer Genussfeindlichkeit! Und keine Besserung in Sicht. Sie ist und bleibt mein schlechtes Gewissen. Mammi, die grässliche Stimme der Pflicht und der Vernunft.
Das Blöde ist, dass es bei uns keinen guten Bullen gibt. Meine Mutter hat den bösen an sich gerissen (weil es nicht anders ging, wie sie behauptet), den guten kann ich mir aufzeichnen. Nur dass ich nicht zeichnen kann.
Theresa ist mit einer ähnlich kleinlichen Mutter geschlagen wie ich, aber dafür ist ihr Vater großzügig und weichherzig. Wenn Theresas Mutter ihr was verboten hatte (zum Beispiel eine große Party am Samstagabend), hängte sich Theresa ans Telefon und beklagte sich bei ihrem Pappi, und der gab ihr seinen Segen und die Party durfte steigen.
Nachher dann wieder Zoff, von wegen verwüstetem Haus und so, aber sobald Theresas Mutter deswegen herummotzte und am Ende gar verlangte, Theresa solle den Saustall aufräumen, machte ihr Vater den Beschwichtiger und sagte zur Mutter: *Man ist nur einmal jung, warum gönnst du ihr das Vergnügen nicht? So schlimm ist es doch gar nicht, das hast du doch im*

Handumdrehen sauber gemacht! Auf Theresas Vater war eben immer Verlass.

Von meinem Erzeuger ist diesbezüglich nichts zu erwarten, erstens, weil er schwer erreichbar ist, und zweitens, weil er sich aus allem raushält, seit ich einmal beschlossen habe, lieber bei ihm wohnen zu wollen. Ich rief ihn damals nach einem Streit mit meiner Mutter an und beschwerte mich, wie gemein sie sei. Er laberte lahm irgendwas Pseudo-Mitfühlendes (aus heutiger Sicht), aber ich interpretierte sofort jede Menge Vaterliebe in sein Gebrabbel und sagte spontan, ich würde zu ihm ziehen. Na, hast du Worte, der Schock!

Irgendwie checkte ich eh gleich, dass es ihm nicht recht war, aber ich wollt es nicht wahrhaben. Packte also trotzdem meinen Krempel, allerdings nicht ohne die leise Hoffnung, meine Mutter würde mir den Auszug verbieten. Doch sie, ganz cool: *Wenn du möchtest.*

Bei Pappi trat dann sofort Mira, der Drachen, in Aktion. Mira ist gut fünfzehn Jahre jünger als mein Erzeuger, macht aber einen auf abgeklärte hundert, latscht in Gesundheitsschlapfen durchs Haus, frisst kümmerliche Körner und zieht sich abends Fernsehdokus über die Initiationsriten afrikanischer Stämme rein, um meinem Vater durch Wissen zu imponieren.

Mira zu mir: Strenges Einhalten der Hausordnung sei angesagt, kein spätes Heimkommen, keine laute Musik, keine Unordnung, beim Verlassen von Räumen unbedingt das Licht abdrehen, nicht einfach den Kühlschrank leer futtern, sondern fragen, was genommen werden darf!

Auf die Art hatte ich glücklich drei böse Bullen gegen mich, prost Mahlzeit.

Ging natürlich nicht lange gut, das Experiment. Als ich in einer Samstagnacht erst um zwei heimkam statt um eins wie befoh-

len, war an der Wohnungstür innen die Sicherheitskette vorgelegt. Hatten mich die beiden doch glatt ausgesperrt!
Ich nahm mir ein Taxi und ritt wieder bei meiner Mutter ein. Leider war ich total abgebrannt, deswegen musste ich sie rausläuten, damit sie das Taxi bezahlte. Sie stinksauer, statt ihr verlorenes Kind glücklich in die Arme zu schließen. Warum ich Pappi und Mira nicht rausgeläutet hätte, damit sie mir aufmachten? *Ich wollte nicht stören*, sagte ich, weil ich nicht sagen wollte, dass mir der Rauswurf sowieso gelegen kam. Leider umfassend falsche Antwort. Die gute Frau zeterte, was das Zeug hielt: Wieso Rücksichtnahme auf Pappi und Mira und nie (!!!) auf sie, sei sie denn der Trottel vom Dienst (???), wie käme sie dazu, so behandelt zu werden – und so weiter und so fort.
Ganz schön egozentrisch. Und von wegen mütterlicher Instinkt: Hätte sie nicht durchschauen müssen, dass ich einfach unglücklich war bei Pappi und Mira und darum zu ihr zurückwollte?
Als ich sie später deshalb zur Rede stellte, sagte sie, es hätte mich nicht zu ihr zurückgezogen, sondern bloß zum besseren Service im Hotel Mama. Ein Witz. Besserer Service! Ich weiß, wie es in Fünf-Sterne-Hotels zugeht. Sie soll sich bloß nichts einbilden.
Könnte, wenn ich über mein Leben nachdenke, paranoid werden. Andere haben auch geschiedene Väter, aber keiner davon ist so ein Reinfall wie meiner. Der normale geschiedene Vater schleimt sich bei seinen Kindern ein und versucht die Mutter beim Beliebtheitsranking zu übertrumpfen, indem er den Kindern Geschenke macht, die sich die Mutter nie leisten könnte. Lenas Vater zum Beispiel: spendiert Karten für jedes Popkonzert, zahlt ohne mit der Wimper zu klimpern sauteure Kosmetika, blecht für Kaschmirpullover und geht mit Lena in Haubenlokale essen. Ja, gut – oder vielmehr nicht so gut –, er bleibt

dafür den Unterhalt schuldig, aber das ist ja nicht Lenas Problem. Und es ist nicht gesagt, dass er Unterhalt zahlen würde, wenn Lena so dämlich wäre, auf Kaschmirpullover zu verzichten.
Meiner zahlt Unterhalt, allerdings nicht zu viel. Er sieht das natürlich anders und will dafür gefeiert werden. Bei jedem Zusammentreffen lässt er durchblicken, dass wir dank seiner Zuschüsse in ekelhaftem Reichtum schwelgen, während er auf was weiß ich alles verzichten muss. Worauf er konkret verzichtet, ist nicht herauszubekommen, vielleicht auf einen Harem von Sexsklavinnen. Stattdessen muss er sich mit Mira begnügen,weil die dazuverdient, was sie mir übrigens heftig übelnimmt. Sie könne es sich nicht leisten, daheim zu bleiben und ebenfalls ein Kind zu bekommen, weil mein Vater für mich Kohle abwerfen müsse. Na und? Meine Mutter ist auch nie daheim geblieben und hat trotzdem ein Kind bekommen – denkt Mira ernsthaft, dass ich sie bedauere, weil sie dreimal die Woche vormittags einem Zahnarzt die falschen Instrumente reicht?
Jedenfalls: von good guys keine Spur. Und ich weiß auch, warum: statistisches Ungleichgewicht. Zum Beispiel Denise: zwei good guys. In Worten: zwei! Pappi und Mammi im Dauereinsatz für ihr Wohlergehen. Denise wollte ein Pferd? Bitte sehr! Denise war zu blöd für Mathe? No problem, her mit einem Nachhilfelehrer! Denise kann nur in Manolo Blahniks latschen? In Ordnung, die Alten haben's ja. Mit siebzehn bildete sie sich ein Kind ein (das Pferd brachte es nicht mehr so richtig), und ihre Eltern sagten Ja dazu. Jetzt ziehen sie das Baby auf und Denise *studiert* in Kalifornien. Ich vermute, sie studiert dort ihre Fingernägel, aber egal, die Alten machen's möglich.
Daraus folgt ganz klar, wenn eine ein solches Übermaß an good guys absahnt, dann muss an einer anderen gespart werden. Die andere bin ich. Shit.

Was tun? Ich weiß es nicht. Wenn ich was zu reden hätte, dann würde ich mehr *Verteilungsgerechtigkeit* durchsetzen. Jedem Kind steht ein good guy zu, würde ich per Verordnung festlegen, wer sich mit zweien eindeckt, muss einen abgeben. Ja, klar, die Realisierung ist sicher nicht einfach, aber wo kommen wir hin, wenn wir keine Visionen mehr haben? Vielleicht sollte ich in die Politik gehen.

Harrison Ford

Die erwachsene Tochter hat eine Freundin der Mutter getroffen, im folgenden Tante genannt.

Tochter Ja, der Christoph und ich, wir heiraten, und irgendwann wollen wir dann auch Kinder, aber das hat noch Zeit. Der Christoph sagt immer, am besten wär's, wir warten, bis unsere Mütter in Pension sind, da hätten wir dann gleich zwei Babysitter.

Tante Jaja, das alte Problem, Beruf und Kinder – ohne Großmütter geht da nix.

Tochter Nein, wieso? Ich bleib sicher zu Haus die ersten Jahre. Ich möchte nicht, dass meine Kinder das Gefühl kriegen, meine Karriere ist mir wichtiger. Ich weiß, wovon ich rede, glaube mir.

Tante Wieso? Deine Mutter hat halbtags gearbeitet, bis du sechzehn warst. Deinetwegen.

Tochter Ja, aber ich hab trotzdem das Gefühl gehabt, ihr Beruf ist ihr wichtiger. Sowas spürt man.

Tante Ach.

Tochter Ja, das war ziemlich hart, aber vorbei ist vorbei, irgendwie übersteht man alles, ich hab ihr vergeben.

Tante Sehr großzügig.

Tochter Schon. Aber weil wir grad über sie reden: Sag, findest du nicht auch, sie sollte mehr aus ihrem Leben machen?

Tante Inwiefern?

Tochter Naja, wenn ich mir andere Frauen in ihrem Alter so anschaue … Lilians Mutter zum Beispiel macht diese tollen Reisen.

Tante Lilians Mutter hat viel Geld. Und viel Freizeit.

Tochter Bitte! Dafür hat die Mammi sechs Wochen Urlaub! Oder fünf?

Tante Aber wenig Kohle.

Tochter Wieso denn? Sie verdient doch. Sie hat doch immer gearbeitet.

Tante Halbtags.

Tochter Ja, und?

Tante Keine Methode, um Reichtümer anzusammeln.

Tochter Von mir aus muss sie ja auch nicht reisen. Aber … Also, ich finde, sie würde einen attraktiven Freund brauchen.

Tante Solange sie einen hatte, war's dir gar nicht recht, oder?

Tochter Ja, der war ja auch ein Unsympathler.

Tante Was du ihm nicht oft genug sagen konntest.

Tochter Ich bin eben ein ehrlicher Mensch. Jedenfalls – ich an ihrer Stelle hätte mir längst einen wirklich geilen Typ angelacht.

Tante Okay, ruf Harrison Ford an und sag ihm, sie ist zu haben.

Tochter Du findest Harrison Ford einen geilen Typ?

Tante seufzt.

Tochter Nein, ehrlich, ich mach mir Sorgen um sie. Wenn ich mir vorstelle, ich müsste so leben …

Tante Das heißt, du machst dir Sorgen um dich.

Tochter ???

Tante Naja, anscheinend hast du Angst, es könnte dir einmal genauso gehen wie ihr.

Tochter Nein, hab ich nicht. Ich würde ja was dagegen tun. Sowas kann man steuern.

Tante Du meinst, sie lässt Harrison Ford absichtlich links liegen?

Tochter Was hast du bloß immer mit Harrison Ford???

Tante Mein Fehler, vergiss es. Was ist übrigens so schlimm an ihrem Leben?

Tochter Null Action. Ich würde wahnsinnig werden.

Tante Vielleicht passt es ihr. Sie kommt mir nicht wahnsinnig vor.

Tochter Warum jammert sie dann?

Tante Sie jammert?

Tochter Dauernd. Ich erzähl dir ein Beispiel: Wir haben einen verstopften Abfluss und der Installateur soll kommen, im Lauf des Montags. Ich sage zur Mammi, fahr bitte in unsere Wohnung und warte auf ihn, wir haben beide keine Zeit. Sofort gibt's ein Riesengezeter: Sie käme sich vor wie ein Kettenhund, furchtbar, immer diese Aufträge, so hätte sie sich ihr Leben nicht vorgestellt.

Tante Findest du, es ist Action, in deiner Wohnung auf den Installateur zu warten?

Tochter Du verstehst mich nicht. Sie hat gesagt, so hätte sie sich ihr Leben nicht vorgestellt. Sie ist also definitiv unzufrieden mit ihrem Leben.

Tante Ist sie in eure Wohnung gefahren?

Tochter Nein. Das finde ich ja auch so seltsam. Sie wird plötzlich so egoistisch. Ist das eine Alterserscheinung?

Das Handy der Tochter düdelt.

Tochter Hallo, Mammi, das ist witzig, grade reden wir über dich … Ja, ich hab dich gesucht. Du, wir brauchen am Samstag unbedingt dein Auto. Wir müssen zu Ikea, und meins ist in Reparatur … Nein, Christoph hat seines seiner Schwester versprochen … Das kann doch bitte nicht sein, dass du uns dein Auto nicht borgst, weil du unbedingt diese Leute besuchen musst! Die sind doch todlangweilig! … Mammi!!! Bitte!!! Ja, denk nach, aber am Samstag brauchen wir dein Auto.

Tochter klappt das Handy zu.

Tochter Ich glaube, in Wirklichkeit ist sie mir dankbar. Sie hat bloß eine gute Ausrede gesucht. Wer besucht schon freiwillig die Färbers! Auf dem Land!

Tante Deine Mutter, offenbar.

Tochter Ich bitte dich. Das wäre ja krank. Davor muss man sie ja retten.

Tante Hat sie dir eigentlich jemals vorgeschrieben, mit wem du befreundet sein darfst?

Tochter Natürlich nicht. Wir leben doch nicht im Mittelalter.

Tante Na geh.

Tochter Also, war fein, dich zu treffen. Und wenn du die Mammi siehst, red ihr zu, dass sie ein bisschen mehr unternimmt.

Tante Hä?

Tochter Naja, ich möchte nicht, dass sie vereinsamt. Ich wette, sie sitzt dann am Samstag wieder daheim und vergräbt sich in ihren Büchern. Ach, ich sag's dir, leicht ist das nicht, wenn die Alten plötzlich darauf angewiesen sind, dass man sich um sie kümmert.

löwenimherbst

An: löweimherbst@herzblatt.com

Lieber löweimherbst,

ich finde Ihren Steckbrief sehr sympathisch. Vielleicht gefällt Ihnen meiner ja auch? Ich bin eine gut erhaltene Weibsperson in dem Alter, das bei Männern das beste heißt, noch halbwegs im Vollbesitz meiner intellektuellen Fähigkeiten sowie aller meiner Zähne und Haare, die ich täglich wasche bzw. putze. Ich bin ein friedliches Gemüt (außer man kommt mir unfriedlich), alphabetisiert, geübt im Umgang mit Messer und Gabel, gehe gern in Konzerte – sofern für erwachsene Menschen – und vertrage auch Frischluft in Maßen, wenn sie mich nicht gerade auf Berggipfeln umpfeift. Soll heißen, ich bin leider nicht schwindelfrei. Dass Sie sowohl Thomas Mann als auch Dashiell Hammett unter Ihre Lieblingsautoren einreihen, lässt mich hoffen, dass wir eine einigermaßen tragfähige Gesprächsbasis finden. Menschen, die Krimis grundsätzlich nicht für Literatur halten oder ihr Lebensgefühl auch postpostpubertär noch von J. Kerouac beziehen, genießen natürlich meinen demokratisch geforderten Respekt, machen mich jedoch ein ganz klein wenig misstrauisch. So. Genug fürs Erste. Ich warte gespannt auf Ihre Antwort. Sie werden mir doch antworten? So viel Höflichkeit sollte sein, selbst wenn Sie vor lauter anfragenden Herzblättern nicht mehr aus noch ein wissen. (Welches Aus und welches Ein sind eigentlich gemeint, wenn man nicht mehr aus noch ein weiß? O rätselhafte Welt der Redensarten.)

Mit herzlichen Grüßen

Marianne

An: alma.das.luder@herzblatt.com

Liebe Marianne,

selbstverständlich bestürmen mich bis an die Zähne behaarte Interessentinnen en masse, aber wie Sie sehen, schiebe ich alle beiseite, um Ihre Mail als erste zu beantworten. Dass Sie nicht schwindelfrei sind, ist zwar ein Handicap für unsere noch nicht bestehende Beziehung, denn in meinen Zukunftsplänen war ein Lebensabend auf der Sonnblickwarte fix inkludiert, aber was soll's, man ist ja flexibel, vielleicht tut's auch ein Schrebergartenhäuschen in Tallage.

Sie sehen, Ihre erotisch-hygienische Selbstdarstellung hat mich hoch motiviert, und ich darf stolz anmerken, dass ich ebenfalls nicht unerfahren bin in der Anwendung von Besteck und sogar mit dem Buttermesser umzugehen weiß.

Nun hätten wir schon einen solide Sockel von Gemeinsamkeiten, was mich ermutigt, weiter zu fragen: Altlasten? (Ich gestehe, dass ich zurückschrecke vor Damen, die über ihre letzte Liebe/Ehe/Nahkampferfahrung *noch nicht hinweg* sind.) Ich: glücklich geschieden, alle Wunden vernarbt, bereit für neue Ufer, keine Haustiere. Ach ja, ein Kind: Max ist siebzehn und lebt bei seiner Mutter.

Und Sie?

Mit besten Grüßen

Dieter

P. S. Weiß leider nicht aus noch ein, was die Deutung von Aus und Ein betrifft, schlage aber bei fortschreitender Bekanntschaft ein gemeinsames Forschungsprojekt vor.

Zsolnay Verlag
Deuticke
Eine Auswahl 2007

Felisberto, ein alter Schwarzer, sitzt am Feuer und erzählt von seiner Familie: von der über dreihundert Jahre alten Stammesmutter Samima, die zwar tot ist, aber als Geist bei ihren Nachfahren äußerst gegenwärtig. Von Zeca, dem Hinkenden, der einen Pfeil zu schmieden vermag, mit dem man sogar den Teufel töten kann. Und er erzählt von den weißen Menschen. Von Dom Estefano und Dona Elvira zum Beispiel, deren Diener er war, und von dem Klavier, das verlassen am Hafen stand und eines Nachts von ganz allein zu spielen begann. Eine große Erzählung des Afrika-Kenners Henning Mankell.

Ü: Verena Reichel. 256 Seiten. Gebunden
€ 21,50 [D] / sFr 38,– / € 22,10 [A]. ISBN 978-3-552-05335-9

Ein poetischer Roman über eine Familie aus Afrika, erzählt zwischen Traum und Realität, Mythos und Geschichte.

Zsolnay

Lieber Dieter,
ich: ebenfalls frei von Herzschmerz, Altlasten entsorgt. Zwar seinerzeit eher unglücklich geschieden, weil vom Kontrahenten in einen Rosenkrieg gezwungen, aber das liegt lange zurück.
Zwei Töchter: Johanna, 22, und Sophie, 27. Beide selbständig. Sophie arbeitet (in einer Bank) und hat schon seit längerem eine eigene Wohnung. Johanna studiert zwar noch, ist aber vor kurzem in eine WG gezogen. Seitdem werde ich mit Mitleidskundgebungen traktiert, die mir ein schlechtes Gewissen machen, weil ich es durchaus genieße, mein Badezimmer wieder für mich allein zu haben und beim Heimkommen nicht schon im Vorraum über verstreute Stiefel zu stolpern. Wie es scheint, erwartet die Umgebung jedoch, dass das Muttertier in eine tiefe Sinnkrise taumelt, wenn es nicht dreimal täglich warme Mahlzeiten servieren darf. Ich traue mich daher kaum, *nicht* schmerzgebeugt zu wirken, wenn ich gefragt werde, ob ich jetzt nicht schrecklich *einsam* sei in meiner *leeren* Wohnung.
Also, Dieter, damit das gleich klar ist: Keine Angst, ich suche nicht nach einem Kind-Ersatz, den ich mit Grießkoch und warmen Socken verfolgen darf! Ganz im Gegenteil. Was mir vorschwebt, ist ein weitgehend pflichtvergessenes Lotterleben, bei dem ich gern männliche Gesellschaft hätte.
Wie ist das eigentlich mit Ihnen? Halten Sie Ihrerseits nach einer Madame Ausschau, die sich auf Ihre Schmutzwäsche stürzen und danach gieren soll, Ihre Herdplatten zu polieren? Wenn's so ist, sagen Sie's offen, damit wir uns nicht auf eine Mail-Strecke begeben, an deren Ende doch nur die Erkenntnis unserer Inkompatibilität steht. (Elegant ausgedrückt, oder?)

Liebe Grüße
Marianne

Liebe lotterhafte Marianne,

schweren Herzens verabschiede ich mich von der Vorstellung, dass Sie mir in naher Zukunft den early morning tea ans Bett servieren werden. Aber *Inkompatibilität* ist ein zu schreckliches Wort, als dass ich das, was dahintersteckt, riskieren würde. Natürlich würde es mir gefallen, meine Schmutzwäsche delegieren zu können, und wenn auf meinen Herdplatten (poliert oder nicht) was Gschmackiges vor sich köchelte, hätte ich nix dagegen. Aber Kind-Ersatz sein, nein, das strebe ich wirklich nicht an. Und weil ich weiß, dass Damen, die sich heute für meinen Herd interessieren, wahrscheinlich morgen schon dazu übergehen würden, mir Vitaminsäfte einzuflößen und knitterfreie Hemden zu verordnen, lasse ich meine Kastrationsängste über meine Bequemlichkeit siegen. Anders gesagt: Nein, ich suche keine Mutti. Lotterhaftigkeit schon eher.

Wieso übrigens »alma.das.luder«? Ich meine, dass sie eins war (wir reden doch von Frau Schindler-Mahler-Kokoschka-Gropius-Werfel- etcetc.?) ist klar, aber was fasziniert Sie an ihr? Eben das?

Gespannt,
Dieter

Lieber Dieter,

so weit ich's beurteilen kann, war Frau Almaetcetera weniger ein Luder als eine, die die Fantasien ihrer jeweiligen Liebhaber bedient hat. Ein übliches Verfahren: Frau lässt mit sich machen, was Mann sich vorstellt, Mann bescheinigt ihr daraufhin dämonisch-erotischen Despotismus (ist doch was ganz anderes, als gewöhnlicher Dienst- und Anpassungsleistung erlegen zu sein), was wiederum ihr schmeichelt, und schon sind sie beide auf einem Egotrip, der an der Realität – wie sie sich nüch-

tern darstellen würde – ziemlich vorbeischrammt, aber was soll's. Ist nicht meins, hab *alma.das.luder* als nickname genommen, um allzu bildungsferne Dumpfbacken abzuschrecken. (Hat übrigens nicht funktioniert. Dumpfbacken überlesen »Alma«, bleiben an »Luder« hängen und stellen sich glücklich wartungsfreie Sexmaschinen vor – jedenfalls schließe ich das aus einigen Anfragen, die mich erreicht haben.)
Jetzt aber zu einer Sache, die mich schon die ganze Zeit über beschäftigt: Was treibt einen Mann wie Sie dazu, im Internet auf Partnerinsuche zu gehen? Mannsbilder mit Ihrem Aussehen (falls das Foto Sie zeigt und nicht Roger Moore vor zwanzig Jahren) brauchen doch, denke ich, nur in den nächsten In-Schuppen zu fallen und finden dort mindestens ein Dutzend knackige Dreißigerinnen, die alle abgeschleppt werden wollen. Oder?

Neugierig,
Marianne

Liebe Marianne,

danke für die Blumen (ja, das Foto zeigt mich, und zwar vor einem halben Jahr – aber ich versichere eidesstattlich, dass ich seitdem um nicht mehr als sechs Monate gealtert bin).
Zu Ihrer Frage:
Erstens will ich nicht nur kein Kind-Ersatz sein, ich möchte auch nicht den Sugar Daddy spielen.
Zweitens unterhalte ich mich gern mit Menschen, die beim Stichwort *Beatles* nicht so reagieren, als rede man über eine Epoche kurz nach der Bronzezeit.
Und drittens, wie Sie so richtig angemerkt haben: Lotterleben. Dreißigerinnen haben entweder relativ kleine Kinder oder – noch – keine. Im zweiten Fall tickt ihre biologische Uhr, und sie sind wild darauf, zur Familiengründung zu schreiten. In bei-

den Fällen läuft es im Endeffekt für die nächsten Jahre auf kinderfreundliche Ferienclubs, Sonntagnachmittage im Zoo und nächtliche Besuche im Doppelbett hinaus, die dazu führen, dass man morgens wie gerädert aufwacht, aber nicht wegen hormoneller Exzesse, sondern weil man stundenlang von einem kleinen Monster geboxt und getreten wurde.
Ich hoffe, es schreckt Sie nicht ab, dass ich meinen Egoismus so ungeniert offenlege, aber ich habe, fürchte ich, nicht mehr genug Lebenszeit, um zwischen Puppenbühnen, Kinderschikursen und Elternabenden in alternativen Vorschulen pendeln zu wollen. Außerdem ermüdet mich bereits der Gedanke, toben, tollen, springen und um die Wette rennen zu sollen. Wie Sie wissen, wird sowas ja vom modernen Vater erwartet, und je älter er ist, desto jugendlicher soll er sich gebärden. Was mich anlangt, so überlasse ich diese Art der Selbstdarstellung gern den Opernintendanten, Verlegern und Industriellen im Großvateralter, die offenbar glauben, dass sie ihrer Sterblichkeit ein Schnippchen schlagen, wenn sie mit ihren Säuglingssöhnen über den Teppich robben. Ich sitze lieber bei einem Glas Brunello auf dem Campo dei Fiori und schaue gelassen in den Sonnenuntergang. Was glauben Sie, sitzen wir einmal miteinander? Ich will nichts überstürzen, daher fürs Erste: Wann darf ich Sie wohin ausführen?

Dieter

Lieber Dieter,

ich freue mich auf unser Treffen und bügle schon einmal eifrig an meiner guten Garderobe herum. Dem technischen Fortschritt sei Dank, dass ich als Erkennungszeichen keine Rose hinters Ohr stecken oder das Feuilleton der ZEIT als Signalfahne schwenken muss. Falls Sie finden, dass mir mein Foto zu

sehr schmeichelt, sagen Sie's mir erst, wenn ich Sie still bei mir bereits abgeschrieben habe, vielleicht weil unsere Unterhaltung lahmt oder Sie herablassend zum Kellner waren.
Nein, im Ernst, ich bin ein klein wenig nervös, aber das lässt sich wohl nicht vermeiden. Bis Donnerstag,

Marianne

Lieber Dieter,

es ist mir wirklich sehr unangenehm, aber können wir unser Treffen verschieben? Ich fürchte, ich schaffe es heute Abend nicht. Ein Notfall. Ich erkläre es Ihnen später.

Liebe Grüße
Marianne

Liebe Marianne,

ich hab die Tischreservierung storniert und bin besorgt. Was für ein Notfall? Bitte melden,

Dieter

Lieber Dieter,

danke für Ihre Besorgnis, tut gut. Aber alles wieder okay. Erbitte neuen Terminvorschlag.

Herzliche Grüße
Marianne

Liebe Marianne,

Freitag, der 21.? Früher kann ich leider nicht, weil ich die ganze nächste Woche beruflich in Frankfurt bin. Und jetzt wüsste ich doch gern, welcher dramatische Zwischenfall unser Date verhindert hat. Ein erpresserischer Rivale, der drohte, sich aus dem Fenster zu stürzen, wenn Sie nicht sofort zu ihm eilen? Hoffentlich nicht, denn es würde mich in meiner Eitelkeit treffen, wenn Sie mir seinetwegen abgesagt hätten.

Liebe Grüße
Dieter

Lieber Dieter,

soll ich wirklich verraten, wer oder was schuld war, dass wir einander nicht gesehen haben? Es liest sich, wie ich fürchte, ziemlich bescheuert, aber … Naja, ich riskiere es.

Meine Tochter Johanna hat ihre neue Selbständigkeit durch die Anschaffung eines Hundes aus dem Tierschutzhaus gekrönt. Natürlich hab ich sie gewarnt, dass sie sich die Hundehaltung viel zu einfach vorstellt, und selbstverständlich hab ich angekündigt, dass ich nicht als Doggiesitter zur Verfügung stehe, aber, eh klar, ohne Effekt, geradeso gut hätte ich eine Wand ansingen können.

Am Donnerstag dann plötzlich ein Anruf, das gute Kind in heller Panik: Der Hund habe wahrscheinlich Stecknadeln verschluckt, er sei schon ganz apathisch und müsse sofort zum Röntgen, aber sie schaffe es nicht, ihn allein in die Tierklinik zu bringen (sie hat kein Auto), die Taxifahrer weigerten sich bestimmt, ihn mitzunehmen, und überhaupt habe sie solche Angst, Hilfe, Hilfe, Hilfe …

Was hätte ich machen sollen? Bei dem Sauhaufen, in dem sich Johanna suhlt, hielt ich es ohne Weiteres für möglich, dass der Hund noch ganz andere Sachen gefressen hatte als ein komplettes Nähzeug (junge Hunde sind, wie man weiß, unerfahren und gierig). Der Hund tat mir leid. Johanna tat mir leid, so in

Tränen aufgelöst und verzweifelt. Und natürlich niemand aus ihrer WG greifbar, obwohl sie großspurig erklärt hatte, alle würden sich mit ihr in die Pflege des Hundsviehs teilen.
Also habe ich zähneknirschend Tierrettung gespielt. Am Schluss war alles halb so wild: Das Röntgen zeigte keinerlei Fremdkörper im Hundedarm, klarerweise, denn das vermisste Nadelkissen fand sich später unter nassen Handtüchern im Bad. (Fragen Sie mich nicht, wozu Johanna ein Nadelkissen besitzt, sicher nicht um zu schneidern, sie ist dafür geradezu sensationell untalentiert und hat noch nie versucht, auch nur einen Knopf anzunähen.) Und der Köter war nicht apathisch, sondern bloß faul und vollgefressen, letzteres mit durchwegs zulässiger Nahrung.
Also blinder Alarm. Ich hab dann erwogen, Sie anzurufen und zu fragen, ob wir einander doch noch treffen wollen, aber so viel Hin und Her wollte ich Ihnen nicht zumuten, und außerdem hatte mich der Tierarztbesuch kostbare Arbeitszeit gekostet, weshalb ich es klüger fand, den Rest des Abends in meinem Büro zu verbringen.

Mit der Bitte um Verständnis
Marianne

Liebe Marianne,

ich will ja nicht lästern – aber ist das das Lotterleben, das Sie sich vorgestellt haben???
Allerdings kenne ich die Tierliebe der Nachkommen und ihre Folgen. Max hält derzeit bei einem Stand von drei Meerschweinchen, einer Schildkröte und zwei Katzen, die alle auf mehr oder weniger verschlungenen Wegen in die Wohnung seiner Mutter fanden. Er selber ist an dem Tierpark eigentlich nur noch marginal interessiert. Da ich das kommen sah, plädierte

ich seinerzeit für die Anschaffung von kurzlebigen Viechern, was jedoch meine Exfrau nicht guthieß, weil dann das Kinderherz alle zwei, drei Jahre den Tod eines Goldhamsters hätte verkraften müssen. Nun sitzt sie die nächsten hundertfünfzig Jahre auf einer Schildkröte, aber sie wollte es ja nicht anders.

Zumindest die Wüstenspringmäuse, die sich Max zwischendurch eingebildet hat, haben mittlerweile das Zeitliche gesegnet. Max kam mir deswegen nicht besonders traurig vor, seine Mutter schon eher.

Falls Sie übrigens glauben, dass die Katzen Entsorgungsarbeit geleistet haben, liegen Sie falsch. Wie es gelungen ist, Katzen und Mäuse auseinanderzudividieren, bis die kleinen Biester von selber einen Abgang machten, will ich gar nicht wissen, ich stelle es mir jedenfalls ziemlich stressig vor, und ich glaube nicht, dass es stressig für *Max* war.

Ihr Mütter seid schon ein sonderbarer Menschenschlag. Ich meine, ich verstehe ja, dass ihr das Beste für die Kinder wollt, aber wieso lasst ihr die Kinder bestimmen, was das Beste ist?

Nichts für ungut, bis Freitag,
Dieter

sms Gut heimgekommen? war ein super abend, danke, dieter

sms Bestens zu haus gelandet. hab mich auch sehr unterhalten, marianne

sms Guten morgen! ausgeschlafen? schön geträumt? von was oder wem? dieter

sms … von wü-springmäusen + hundefreien zonen. was kann das bedeuten? marianne

sms Hundefreie zone = kino = dort willst du mit mir hin. morgen? dieter, traummann, äh, -deuter

»Hallo, Dieter, Marianne hier, schade, dass ich nur deine Box erwische. Ich wollte dir sagen, wie leid es mir tut, dass ich gleich nach dem Kino weg musste. Aber Sophies Flieger geht morgen in der Früh, und deshalb hat sie wirklich noch heute unbedingt einen Koffer gebraucht. Wir heben unsere Koffer nämlich in meinem Abstellraum auf, weil ich am meisten Platz hab, aber das hab ich dir ja schon erklärt. Warum sie ihren Schlüssel zu meiner Wohnung schon wieder nicht findet, ist mir ein Rätsel. Ich bin eh stinksauer auf sie. Also, wie gesagt: zu blöd, dass wir nix mehr trinken gehen konnten. Ich hoffe, wir holen es bald nach.«

sms Falls du DO abend 19 h zufällig weder koffer packen noch hunde retten musst, könntest du mit mir zu einer vernissage gehen. hab einladung vom maler, da mit ihm befreundet. d.

sms Ja, sehr gern. Kann allerdings erst gg 21.30 h nachkommen. o.k.? m.

sms Dann versäumst du die performance am anfang. warum so spät? d.

sms Geht einfach nicht früher. freu mich, m.

sms Ha! ertappt! du musst dem hund diätfutter kochen, stimmt's? d.

sms Nein! m.

sms Sondern??? d.

sms Mein gott, bist du hartnäckig! hab johanna tipps für eine seminararbeit versprochen, sie kann aber nur zw. sieben und neun. m.

sms Willst du was von ihr oder will sie was von dir? Jaja, nicht mein bier. bin schon still. d.

Hallo, schöne Frau,

nun sitze ich also im verregneten Zürich und sage mir vor, um wie viel lieber ich mit dir sitzen würde, z. B. in einer schummrigen Ecke, wo ich mich langsam auf Tuchfühlung an dich heranarbeiten könnte … Ein Jammer. Andererseits optimal, dass wir einander über den Datenhighway gelaufen sind und ich mich darauf freuen kann, dich in zwei Tagen wieder zu sehen.

Meine Besprechungen hab ich mannhaft hinter mich gebracht, auch das Abendessen mit unserem Tax Adviser vor Ort. Er fühlte sich verpflichtet, mir danach noch einen Schlummertrunk (seine Diktion) in einer Bar meiner Wahl vorzuschlagen, ich habe auf das nervenzerrüttende Zürcher Nachtleben jedoch mit höflichem Dank verzichtet, was ihm, glaube ich, ganz recht war.

Jetzt lungere ich in meinem Hotelzimmer und werde wohl bald ins Bett fallen.

Sag, wie wär's mit einem Ausflug am Wochenende? Was ist dir lieber: Natur pur oder was Kulturelles? Bin zu jeglicher Besichtigung von Schlössern, Klöstern und – anschließend – guten Wirtshäusern bereit.

Ich küsse ehrbar deine Wangen (für den Anfang)

Dieter

»Hi, Marianne, hör zu, ich hab am Wochenende, wie sich herausgestellt hat, den Max, und der wird für Schlösser und Klöster nicht zu gewinnen sein. Magst du mit uns ins Stadion gehen? Rapid gegen GAK. Wär doch vielleicht ganz lustig. Ich würde dich ja sowieso gern mit dem Max bekannt machen. Also? Überredet? Sag mir bitte Bescheid, damit ich dir noch ein Fan-T-Shirt besorgen kann. Das musst du dir dann, du weißt schon, wenn's brisant wird, vom Leib reißen und aufs Spielfeld schleudern. Oder hättest du lieber ein grün-weißes Gummiarmband? Bei Max könntest du dich damit einschleimen, er ist bekennender Rapid-Aficionado. Nein, im Ernst, wär fein, wenn du mitkämst.«

Liebe Marianne,

ich danke dir, dass du dich mit dem Max so gut verstanden hast. Ich weiß, an seinen Tischmanieren müssen wir noch arbeiten, und im Smalltalk ist er auch etwas schwach, aber im Großen und Ganzen ist es doch gut gelaufen, oder? Dir fehlen ja zum Glück die Vergleichsdaten, doch ich versichere dir, für seine Verhältnisse war er überraschend kooperativ. Meine Exfreundin hat er regelrecht gemobbt, man kann es nicht anders sagen. Allerdings war er da gerade voll in der Pubertät, und ihr Verständnis für Kinder ist generell begrenzt. Die Sache mit dem Rotwein war sicherlich keine Absicht, er ist leider ein Meister im Umstoßen von Gläsern. Ich hoffe, deine Jacke lässt sich reinigen, andernfalls schick mir eine Rechnung. (Wirklich!) Und unseren Ausflug könnten wir nächstes Wochenende nachholen, wie schauen deine Zeitpläne aus?

Alles Liebe

Dieter

Lieber Dieter,

in Eile: nächsten Sonntag kommen meine Töchter zum Mittagessen, willst du sie kennenlernen? Dann komm auch!

Schönen Tag,

Marianne

In Mariannes Wohnung. Nach dem Essen.
Dieter hat sich verabschiedet, die Töchter sind noch da.

Marianne Vielen Dank. Ihr wart ja so hilfreich.

Johanna Wie meinst du das jetzt?

Marianne Rate.

Sophie Wobei hätten wir dir denn *helfen* sollen?

Marianne Ich hab gehofft, dass ihr euch einmal wie zivilisierte Menschen aufführt.

Johanna (*auf Sophie zeigend*): *Sie* hat angefangen.

Sophie Spinnst du?

Marianne Himmelherrgott! Euer ewiges Gestreite ist schon unter uns nicht auszuhalten. Aber könnt ihr euch nicht wenigstens zusammenreißen, wenn ich einmal einen Gast hab'?

Sophie Bitte! War das ein Staatsbesuch oder was? Der Mann wird doch wohl keinen Schaden davontragen, wenn er mit anhört, wie zwei Menschen diskutieren.

Marianne *Diskutieren*???

Johanna Genau. Sie kreischt mit mir herum, und dann sagt sie, sie hat diskutiert.

Sophie Halt die Klappe!

Johanna Halt sie doch selber, blöde Kuh.

Marianne So. Ihr solltet jetzt gehen. Das Essen ist beendet.

Johanna *Das Essen ist beendet*! Wir sind deine Kinder. Du kannst uns doch nicht einfach rausschmeißen.

Sophie Der Typ ist sowieso schon fort. Jetzt ist es doch wurscht.

Johanna Was findest du überhaupt an dem?

Marianne Das geht dich nichts an.

Johanna Wieso nicht? Wir erzählen dir alles. Du kannst uns ruhig auch was erzählen.

Sophie Jedenfalls hat er schwache Nerven, wenn ihn das bisschen Gestreite in die Flucht schlägt.

Johanna Und einen Bauch hat er auch.

Sophie Naja, in seinem Alter … Da gibt's Ärgere. Aber von Waschbrett keine Spur, das stimmt.

Die Töchter lachen.

Marianne Hauptsache, ihr amüsiert euch.

Johanna *(zu Sophie)*: Vielleicht hättest du dir deine Sprüche über senile Säcke sparen sollen.

Sophie Vielleicht hättest du überhaupt den Mund halten sollen. Weil er dann nicht mitgekriegt hätte, dass dein I.Q. unter achtzig liegt.

Johanna Hör zu, du Hirni: Selbst wenn ich wirklich blöd wäre, wäre das total egal. Er interessiert sich für unsere Mutter, nicht für mich.

Sophie Ja, aber vielleicht denkt er, du hast deine Dummheit von ihr geerbt.

Johanna *(zu Marianne)*: Wieso interessiert er sich eigentlich für dich?

Marianne Weil ich eine interessante Person bin.

Johanna Ja, eh, *du* schon. Aber ist *er* eine interessante Person?

Sophie Das ist wahr. Der Mann ist nicht interessant genug, um sich für dich interessieren zu dürfen.

Marianne Das entscheide ich!!!

Sophie Ist ja gut.

Johanna Das wird schon wieder. Vielleicht gibt er dir eine zweite Chance.

Sophie Wenn nicht, ist er ein kleinlicher Knilch, und du kannst froh sein, dass du ihn los bist.

sms hi, dieter, ich hoffe, du hast unser strapaziöses familientreffen gut überstanden. war fein, dich dabei zu haben. m.

sms für mich war es ja nicht strapaziös, nur du hast mir ein bisschen leid getan. all die arbeit und dann der zank. ich umarm dich, d.

sms ich geh am samstag mit dem max schwimmen. wollen neue luxustherme erkunden. kommst du mit? d.

sms Geht leider nicht, hab den hund. m.

sms Kann der nicht ein paar stunden allein bleiben? d.

sms Eher nein, protestpinkler. m.

sms Eigentlich hab ich jemand gesucht, der mein leben teilt … d.

sms Ich auch! m.

sms Okay, die runde geht an dich. d.

Liebe Marianne,

ich möchte mich nicht mit dir streiten, deshalb die Mail. Schriftlich äußere ich hoffentlich nichts Unbedachtes. Ich mag dich, wie du weißt, wirklich gern, aber manches an dir gibt mir doch Rätsel auf. Da schilderst du dich zunächst (erinnerst du dich?) als flotte, lebenslustige Person, die nicht das Muttertier spielen will, und dann bist du ständig abrufbereit für deine Töchter. Wenn du angekündigt hast, nicht Hundesitter spielen zu wollen, warum bleibst du nicht dabei?

Warum sagst du nicht, du hast schon was anderes vor, wenn Sophie dich überfallsartig treffen will? Ja, gut, ich verstehe, dass du sie nicht hängen lassen willst, wenn sie Zoff im Büro hat und das mit dir besprechen möchte – aber weshalb bestimmt *sie* den Zeitpunkt?

Warum lädst du deine Töchter unermüdlich zum Essen ein, wenn sie bei Tisch doch nur streiten wie Hund und Katz? Sie keppeln miteinander, sie nörgeln an dir herum, und du lässt es geduldig über dich ergehen! Es würde mich ja nicht aufregen, wenn diese Szenen einfach an dir abprallten. Aber leider verderben sie dir nachhaltig die Laune, und das wirkt sich auch auf die Stimmung zwischen uns aus.
Und warum räumst du allen Ernstes Johannas Zimmer in der WG auf?
Frau Alma Mahler-etectera wird posthum von dir mit Herablassung gestraft, weil sie sich angeblich ihren wechselnden Männern so sehr angepasst hat. Mag sein, dass das im Grunde stimmt. Für mich stellt sich die Frage: Warum unterwirft sich die moderne Frau zwar keinem Mann (was durchaus in Ordnung ist), aber ihren – erwachsenen! – Kindern?
Ich erwarte ja nicht, dass sich dein Leben bloß noch um mich dreht. Trotzdem ist es frustrierend, bei jedem gemeinsamen Vorhaben damit rechnen zu müssen, dass es eine deiner Töchter wieder über den Haufen wirft. Kannst du das nachvollziehen?
Ich weiß schon, ich habe Max, den aber zu vorher ausgemachten Terminen (meistens jedenfalls). Das ist, denke ich, organisatorisch weniger belastend. Oder?
Marianne, ich möchte wirklich keinen Unfrieden zwischen uns, sondern, ganz im Gegenteil, Freude & Vergnügen, aber ich bitte dich, vor allem in deinem Interesse, nachzudenken, ob du deine Mutterliebe nicht manchmal ein bisschen übertreibst.
Wäre ich gemein, würde ich dich jetzt daran erinnern, dass ich gegen die Dreißigerinnen unter anderen Gründen ihren möglicherweise massiven Brutpflegetrieb ins Treffen geführt habe. Jetzt habe ich mir eine Gleichaltrige angelacht und stehe vor dem nahezu gleichen Problem.

Aber nein, daran erinnere ich dich nicht, weil ich ja nicht aus Pragmatismus mit dir zusammen sein möchte, sondern aus wirklicher, ehrlicher Zuneigung. Ich hab mich in *dich* verliebt, das weißt du, und das hat nichts mit deinem Alter, sondern alles mit dir als Person zu tun. (Naja, eine kleine Rolle spielt dein Alter schon – wärst du hundert, käme ich mir definitiv zu unreif neben dir vor.)

Dieter

Lieber Dieter,

ich versteh dich – und bin trotzdem sauer auf dich. Es reicht mir nämlich, dass meine Töchter an mir, wie du so richtig schreibst, herumnörgeln. Da brauch ich nicht auch noch deine Kritik. Und außerdem siehst du unsere Situation eben nur als Außenstehender, der nichts weiß über unsere Geschichte und warum sich das Verhältnis zwischen meinen Töchtern und mir so entwickelt hat.

Ja, sie sind erwachsen. Aber trotzdem bleiben sie meine Kinder, für die ich mich verantwortlich fühle. Und anders als bei dir, der du dich darauf verlassen kannst, dass Max' Mutter für ihn da ist in der Zeit zwischen euren Treffen, haben Johanna und Sophie außer mir niemanden, an den sie sich wenden können. Ihr Vater hat den Kontakt zu ihnen abgebrochen und lebt mittlerweile am anderen Ende Europas. Großeltern, Tanten oder Onkel gibt es nicht (mehr), ich bin ein Einzelkind, und meine entferntere Verwandtschaft ist weder an meinem Schicksal noch an dem meiner Töchter sonderlich interessiert. Meine Freundinnen haben selber Kinder, die für sie begreiflicherweise Vorrang haben. So what?

Ja, meine Töchter können nervtötend sein, und vielleicht sollte ich mich manchmal energischer oder konsequenter zur Wehr setzen – aber trotzdem wird es sich nicht vermeiden lassen (selbst wenn ich das wollte, was jedoch nicht der Fall ist), dass sie einen wichtigen Teil meines Lebens ausmachen.

So ist das halt, mein Lieber: Wir schleppen alle ein ordentliches Stück Vergangenheit mit uns herum, und wenn du mich willst, dann kriegst du mich nicht als unbeschriebenes Blatt.

Ich dich ja auch nicht. Ohne dir oder deinem Sohn nahetreten zu wollen – glaub bitte nicht, dass ich mir nichts Spannenderes vorstellen kann, als mir mit euch beiden das Wochenende im Schwimmbad oder auf der Zuschauertribüne irgendeines Stadions um die Ohren zu schlagen. Ich gebe zu, ich habe vorher nicht gewusst, dass es derart viele Ballsportarten gibt, verbuche also einen Erkenntnisgewinn, aber, ehrlich, auch ohne den würde ich gut über die Runden kommen.

Und was die Stimmung zwischen uns betrifft, so habe ich es bisher bloß nicht an die große Glocke gehängt, dass Max' Einsilbigkeit nicht gerade ermutigend auf mich wirkt. Für dich mag es ja ein erstaunlicher Fortschritt sein, dass er überhaupt das Wort an mich richtet, ich hingegen registriere, dass er es selten tut und dass er es häufig tatsächlich bei einem einzigen Wort belässt. So sehr ich mich bemühe, seine Reserviertheit (um den Ausdruck *muffig* zu vermeiden) nicht persönlich zu nehmen, so wenig trägt sie zu einer entspannten Atmosphäre bei.

Und, by the way, manches gibt mir auch an dir Rätsel auf. Hast du nicht zu Beginn unserer Bekanntschaft erklärt, dass dich die bloße Vorstellung, toben, tollen und um die Wette rennen zu sollen, bereits ermattet? Ich zitiere: »Ich sitze lieber bei einem Glas Brunello auf dem Campo dei Fiori …« Vielleicht *würdest* du ja lieber dort sitzen, aber was du tatsächlich tust, ist, den Sportskerl raushängen zu lassen, wenn wir mit Max unterwegs sind.

Doch weil uns gegenseitiges Aufrechnen nicht weiterbringt, setze ich ein erstes Zeichen guten Willens: Es sollte mir nicht allzu schwer fallen, Aufräumarbeiten in Johannas WG künftig zu unterlassen.

Ich mag dich auch sehr.
Marianne

Liebe Marianne,

ich habe nachgedacht. Okay, wir haben beide Kinder, die uns bis zu einem gewissen Grad immer beschäftigen werden, egal, wie alt sie – und wir – auch sind. Mir passt an deinen Töchtern dies und das nicht so sehr, du findest meinen Sohn nicht zum Abbusseln sympathisch. (Ja, du hast recht, er ist ein zäher Brocken, und selbst wenn du ihn abbusseln wolltest, solltest du das lieber unterlassen, es sei denn, du hättest die Absicht ihn schockzufrosten.)

Was tun? Still leiden? Den jeweiligen Nachkommen sagen, was uns an ihnen stört? Den gegenseitigen Kindern aus dem Weg gehen? Ich weiß es nicht. Weißt du es?

Dieter

Lieber Dieter,

ich bin bisher immer nach dem Grundsatz verfahren, dass sich niemand in die Erziehung meiner Töchter einmischen darf, der nicht an ihren Betten gesessen ist, als sie Feuchtblattern, Halsentzündung und Brechdurchfall hatten. Soll heißen: Ich werde deinem Sohn ganz bestimmt nicht sagen, was mich an ihm stört, weil mir dazu, wie ich meine, die Berechtigung fehlt. Ich habe nicht genug für ihn getan, um was von ihm fordern zu dürfen. Dasselbe gilt für deinen Umgang mit meinen Töch-

tern. Diese Typen, die plötzlich aufmarschieren und glauben, anschaffen zu dürfen, weil sie Mamas Liebling sind, waren mir immer eine Gräuelvorstellung (genauso wie die dazugehörigen Mamas).
Natürlich, gegen persönliche Beleidigungen darf man sich wehren. Aber weder richtet es sich explizit gegen dich, wenn meine Mädels sich in die Haare geraten oder den Rund-um-die-Uhr-Mutterservice von mir einfordern, noch setze ich Max' Einsilbigkeit mit einer offensiven Herabwürdigung meiner Person gleich. Vielleicht findet er mich blöd, verachtenswert, überflüssig, aber er sagt es jedenfalls nicht.
Unsere Kinder wahren ein Mindestmaß an Höflichkeit, mehr können wir einstweilen nicht von ihnen verlangen.
Bleiben stilles Leiden oder Aus-demWeg-Gehen. Vielleicht sollten wir uns für Letzteres entscheiden. Wir müssen sie ja nicht meiden wie der Teufel das Weihwasser, aber wir müssen uns und sie auch nicht überfordern mit allzu viel Gemeinsamkeit. Denk ich mir.
Was nicht das Problem löst, dass mich meine Töchter immer wieder einmal auch ohne Vorankündigung brauchen. Können wir uns auf diese Vorgangsweise einigen: Ich beschränke ihren Vorrang auf wirklich dringliche Anliegen, und du verlangst nicht, dass sie bei mir um Termine ansuchen wie Klientinnen bei der Scheidungsanwältin?

Kompromissbereit,
Marianne

Liebe Marianne,

soll das heißen, du willst dich künftig an Wochenenden um das Vergnügen bringen, mit Max und mir im Hanappi-Stadion so lange pro Rapid zu brüllen, bis uns der Stimmbandfraß ereilt?

Und was ist mit unseren akrobatischen Einlagen auf dem Fünf-Meter-Brett – ziehst du diesem Schauspiel allen Ernstes das berüchtigte gute Buch vor?
Nein, im Ernst: einverstanden. Zumal ich den Freudschen Wink mit der Scheidungsanwältin in seinem ganzen bedrohlichen Potenzial gut verstanden habe.

Umarmung,
Dieter

He, Dieter,

keine Unterstellungen! Die Scheidungsanwältin-Metapher war einfach nur eine solche. Genauso gut hätte ich schreiben können: »… um einen Termin ansuchen wie beim Ohrenarzt«.

M.

… hättest du. Hast du aber nicht.

D.

Guter Mann, denkst du, ich drohe mit einem Heiratsantrag?

M.

Nein, aber mit Trennung, falls ich deinen Wünschen zuwiderhandle, geschätzte Domina. Bist du eigentlich schon an meinem Bett gesessen, wenn ich Halsweh hatte? Ich frage ja nur.

D.

In deinem Bett, das sollte genügen. Zumal dein Halsweh selbst verschuldet ist, siehe Hanappi-Stadion.

M.

Übrigens, ad Heiratsantrag: Betrachtest du die Ehe geschlechtsneutral als Bedrohung der Liebe, oder hast du mit dem Wort »drohen« nur dein Verständnis für die männliche Seele ausgedrückt?

D.

Ach, Dieter,

auch du ein Freiheitsheld der Stammtische? Nein, ich bin nicht aufs Heiraten aus, jedenfalls nicht nach so kurzer Bekanntschaft und auch, weil ich das Nestbauen aus Altersgründen eh hinter mir habe – aber das Klischee von der männlichen Natur, die nach Ungebundenheit strebt, während die weibliche nach vertraglicher Absicherung giert, das ist doch reichlich abgenützt, findest du nicht?

M.

Oh, Marianne,

du lässt mir aber auch gar nichts durchgehen, stimmt's? Bin einigermaßen k.o. nach Mathelernen mit Max (viel anstrengender als Mountainbiken) und freu mich auf morgen. Wenn du willst, kann ich deinen Kenntnissen über Kegelstumpfberechnungen wieder auf die Sprünge helfen, aber wenn dir ein anderes Gesprächsthema lieber ist, bin ich nicht böse. Ganz im Gegenteil.

Ergebenst, dein Mathematikkuss

»Hallo, Dieter, hier spricht Sophie – Sie wissen schon, eine von den schrecklichen Töchtern. Meine Schwester und ich, wir würden uns imagemäßig gern bei Ihnen verbessern, und da haben wir uns gedacht, wir laden Sie einmal zum Essen ein. Mit unserer Mutter natürlich. Zu mir nach Hause. Mein Freund und ich, wir sind ganz gut in asiatischer Küche, und Johanna bringt das Dessert mit. Sie ist sehr begabt fürs Schokoladekaufen. Sagen Sie ihr aber nicht, dass man ihr's ansieht. Obwohl ich finde, *dass* man ihr's ansieht. Au! Entschuldigung, aber mein unmöglicher Freund stört schon wieder. Du musst mich gar nicht puffen, ich hab nicht gesagt, dass sie fett ist, ich sage nur, sie war schon einmal dünner! Also, Dieter, rufen Sie mich an? Damit wir einen Abend ausmachen können? Danke.«

Hi, Marianne,

war mit Max beim Wrestling, sei froh, dass du nicht mit warst. Schwitzende Fettwänste beim gegenseitigen Umklammern haben was Obszönes, wirkt irgendwie wie eine Verhöhnung des Liebesspiels.

Nachher, beim Essen, richtete Max zu meinem Erstaunen die Frage an mich, warum du nicht mehr mitkämst. Ich: Sie will nicht stören. Er: Tut sie doch nicht. Ich: Na, bist du nicht lieber mit mir allein? Er: Weiß nicht. Nö. Die ist nett.

Du wirst jetzt vielleicht finden, *nett* ist dir zu wenig, aber ich sage dir: Für Max' Verhältnisse ist das sensationell.

Du musst keinerlei Konsequenzen daraus ziehen. Ich wollt's dir nur mitgeteilt haben.

Dieter (auch nett)

»Hallo, Sophie, Johanna und Flo, das Abendessen war ein Hit. Danke vielmals für die Einladung. Revanche folgt demnächst. Ach, ja, falls ihr meine Stimme nicht erkennt: Das war der Dieter.«

sms hat johanna schon einen hundesitter für die Osterferien? d.

sms nein, aber keine sorge. hab gesagt, dass ich nicht kann. werde rom-reise keinesfalls abblasen. campo dei fiori, wir kommen! m.

sms Ich frage, weil ich einen vorschlag hab. ruf mich an. d.

»Hi, Max, hier Johanna. Mariannes Tochter. Hab gehört, du willst dich eventuell um meinen Hund kümmern, während ich weg bin. Das wär supersuperlieb! Ruf mich an, wegen Treffen und so. «

sms Dieter! Du kannst johannas hund doch nicht max aufs auge drücken! die arbeit damit hat sicher deine exfrau, wie kommt sie dazu? m.

sms Exfrau sehr dafür. borge-hund soll anschaffung von eigenem verhindern. d.

Rom, Campo dei Fiori.
Dieter und Marianne beim Apéritif.

Marianne Ich kann's noch immer nicht glauben.

Dieter Was?

Marianne Dass wir wirklich hier sitzen.

Dieter Glaube es und genieße es.

Pause.

Marianne Hast du was von Max gehört?

Dieter Nein.

Marianne Denkst du, er kommt mit dem Hund zurecht?

Dieter Was wird das? Wenn du dich nicht um deine Töchter sorgst, sorgst du dich um Max?

Marianne Ich frag ja nur.

Dieter Kannst du dich nicht zur Abwechslung um bedrohte Orchideenarten sorgen?

Marianne Was sollte das bringen?

Dieter Man kommt mit einer Spende davon.

Marianne Ich bin nicht süchtig danach, mich zu sorgen –

Dieter Sondern?

Marianne Es ist nur so ungewohnt.

Dieter Was?

Marianne Normalerweise, wenn ich anfange mich zu entspannen, klingelt das Telefon.

Dieter Und?

Marianne Dann erfahre ich, dass irgendwo der Hut brennt. Mein Büro findet wichtige Unterlagen nicht. Sophie hat ihre Kreditkarte verloren. Johanna hat Liebeskummer. Mein Ex hat die Töchter angerufen und will den Familienschmuck seiner Mutter zurück.

Dieter Jetzt geht die Fantasie mit dir durch.

Marianne Nein. Alles schon passiert.

Dieter Er wollte den Familienschmuck zurück?

Marianne Ja. Bestehend aus einem Silberketterl mit Schutzengelanhänger und einem abgewetzten Ring.

Dieter Vergiss es. Wir sind in Rom!

Marianne Ja. Ja. Eh.

Dieter Der Ärger holt uns noch früh genug ein.

Marianne Welcher Ärger? Weißt du was, was ich nicht weiß?

Dieter Sei nicht gleich panisch. Irgendein Ärger. Deswegen muss man die ärgerlosen Zeiten genießen.

Marianne Du meinst, es bleibt nicht so?

Dieter Das meinst du doch auch.

Marianne Das ist *meine* Rolle. Du sollst der Optimist sein.

Dieter Aha. Okay.

Pause.

Marianne Fantastisch! Wir sitzen hier und können machen, was wir wollen. Ist das dein Handy?

Dieter *(ins Handy)*: Ja? … Hallo, Max, was gibt's? … Shit … Ich weiß, dass du gelernt hast. Ich hab ja mit dir gelernt … Ja, kann sein, Geometrie war noch nie meine Stärke … Hör zu, ich *habe* die Matura, ich darf das vergessen haben … Such dir eine professionelle Nachhilfe … Wie stellst du dir das vor? Soll ich dir aus Rom einen Nachhilfelehrer mitbringen? … Also. Ich ruf dich an. Bis später.

Dieter beendet das Telefongespräch und wendet sich wieder Marianne zu.

Dieter Das war der Max.

Marianne Ich hab's gehört. Fünfer in Mathe?

Dieter Ja.

Marianne Johanna könnte mit ihm lernen, wenn sie zurück

ist. Die ist gut in Mathe. Gibt immer wieder Nachhilfestunden.

Dieter Im Ernst?

Marianne Im Ernst. Außerdem ist sie ihm was schuldig.

Pause.

Dieter Siehst du.

Marianne Was?

Dieter Das macht die Dreißigerinnen so uninteressant. Sie haben keine Töchter, die sich mit Mathe auskennen.

Marianne Berechnender Schuft.

Dieter Naja. Im Berechnen bin ich eher schwach, wie sich herausgestellt hat. Aber ist das nicht eine wunderbare Zukunftsvision? Die Kinder helfen einander, und wir sind aus dem Schneider?

Marianne Du meinst, das funktioniert?

Dieter Man wird doch noch träumen dürfen.

Der Kasten ist voll

Mutter Wieso liegen deine Klamotten schon wieder im Wohnzimmer herum?

Tochter Weil ich nicht weiß, wohin damit.

Mutter Schon an einen Kasten gedacht?

Tochter Wie wär's, wenn du mir einen kaufen würdest?

Mutter Wir haben mehrere.

Tochter Und alle sind voll.

Mutter Ja, weil du zu viele Sachen hast.

Tochter Nein, wir haben zu wenig Stauraum.

Mutter Das ist doch lächerlich. Soll ich die Wohnung mit Kästen zubunkern?

Tochter Keine Ahnung. Ich sage nur: Keine Kästen, keine Ordnung. Geht nicht anders.

Mutter Sei bitte vernünftig. Erwartest du ernsthaft, ich stelle unentwegt neue Möbel auf? Wo denn? Soll ich anbauen?

Tochter Was soll *ich* denn machen?

Mutter Dein altes Zeug ausmustern.

Tochter Wieso? Das ziehe ich alles noch an.

Mutter Du hebst Sachen auf, die hast du seit fünf Jahren nicht mehr angehabt.

Tochter Ja, das heißt aber nicht, dass ich sie nicht noch einmal anziehe.

Mutter Die passen dir doch gar nicht mehr.

Tochter Wer sagt das? Ich hab erst unlängst ein T-Shirt probiert, das haben wir gekauft, als ich elf war. In Lignano. Und es hat mir gepasst. Weißt du noch? Das mit den Entchen vorne drauf.

Mutter Das hat dir gepasst?

Tochter Naja, es war ein bisschen eng. Aber ich hab's über den Kopf gekriegt.

Mutter Und du hast vor, demnächst ein T-Shirt mit Entchen zu tragen?

Tochter Das ist ein Erinnerungsstück. Das kann ich nicht wegschmeißen.

Mutter Okay, aber es werden doch nicht alle deine alten Klamotten Erinnerungsstücke sein?

Tochter Eigentlich schon.

Mutter Das ist absurd.

Tochter Außerdem ist das Verschwendung, Sachen wegwerfen, nur weil sie nicht mehr neu sind. Du bist doch sonst immer gegen jede Verschwendung.

Mutter Gut, wenn du sparsam sein willst, behalt die alten Sachen, aber kauf dir nicht andauernd neue.

Tochter Was ist mit *deinen* Klamotten? Wieso darfst du dir alles aufheben und ich nicht?

Mutter Ich hebe mir nicht alles auf. Ich hab erst unlängst einen ganzen Stapel Pullover und T-Shirts zum Altkleidercontainer getragen.

Tochter Ich finde, du hast immer noch genug.

Mutter *Genug* ist erlaubt. *Mehr* als genug ist zu viel.

Tochter Mehr als genug, meine ich.

Mutter Fällt dir auf, dass von mir nichts im Wohnzimmer herumliegt?

Tochter Ja, und deswegen habe *ich* keinen Platz in den Kästen.

Mutter Wie soll das deiner Ansicht nach weitergehen? Du kaufst ein und kaufst ein, und eines Tages müssen wir ausziehen, weil sämtliche Zimmer voll sind bis unter die Decke?

Tochter Ich kaufe nur ein, wenn Ausverkauf ist.

Mutter Ausverkauf ist mittlerweile das ganze Jahr.

Tochter Hör zu, diesen Trenchcoat wollte ich von Anfang an haben. Aber ich hab ihn mir nicht gegönnt, weil er mir zu teuer war. Jetzt hat er nur noch die Hälfte gekostet. Da hätt ich nicht zuschlagen sollen?

Mutter Von mir aus schlag zu. Aber trenn dich dafür von was anderem.

Tochter Von was?

Mutter Von dem alten Anorak da zum Beispiel.

Tochter Das geht nicht, ich hab der Lea versprochen, dass ich ihr den borge, wenn wir eislaufen gehen.

Mutter Dann soll ihn die Lea zu sich nehmen.

Tochter Das geht nicht, die haben keinen Platz!

Die Mutter holt Luft.

Tochter Nein, ehrlich, die haben doch bloß eine winzige Wohnung. Die Lea hat nicht einmal ein eigenes Zimmer.

Mutter Apropos eigenes Zimmer: Warum lagerst du eigentlich deinen Mist ins Wohnzimmer aus?

Tochter Mist? Du nennst meine Sachen Mist?

Mutter *Du* hast ein eigenes Zimmer.

Tochter Ja und, soll das ausschauen wie ein Saustall?

Die Mutter holt erneut Luft.

Tochter Was ist schon wieder? Du hast dich doch immer aufgeregt, dass mein Zimmer ein Chaos ist. Jetzt räum ich auf und es passt dir auch nicht.

Mutter Aufräumen heißt nicht, das Zeug bloß woandershin schmeißen.

Tochter Du hast auch Sachen aufgehoben, die du sicher nicht mehr brauchst. Zum Beispiel dieses komische Teil da.

Mutter Komisches Teil? Das ist ein Seidenblazer.

Tochter Und wofür braucht man bitte einen *Seidenblazer*?

Die Tochter wälzt das Wort Seidenblazer aus dem Mund wie eine fremdartige und ekelerregende Substanz.

Mutter Ich ziehe ihn ins Theater an.

Tochter Wer geht heutzutage noch ins Theater?

Mutter Ich.

Tochter Ja? Wann?

Mutter Zum Beispiel übermorgen.

Tochter So aufgemascherlt? Das ist doch total vorgestrig.

Mutter Soll ich in Jogginghosen gehen?

Tochter Gehst du wegen der Kunst hin oder weil du dich aufbrezeln willst?

Mutter Sowohl als auch.

Tochter Oder das da! Das sieht doch grauenhaft aus. Wieso hebst du dir sowas auf?

Mutter Ich soll einen tadellosen Hosenanzug weggeben? Bist du verrückt?

Tochter Hosenanzug! Wer trägt denn einen *Hosenanzug*!

Mutter Ich.

Tochter Warum?

Mutter Weil er mir steht.

Tochter Glaubst *du*.

Mutter Hab ich dich als Modeberaterin engagiert? Ich kann mich nicht erinnern.

Tochter Aha, aber du darfst mir meine Sachen vermiesen?

Mutter Ich vermiese dir gar nichts.

Tochter Nein, du willst nur, dass ich mein Lieblings-T-Shirt und meinen Lieblings-Anorak wegschmeiße, damit du Platz für deine Hosenanzüge hast.

Mutter Für meine *Lieblings*-Hosenanzüge.

Tochter Nein, ehrlich, Mama. Hosenanzüge machen alt. In Jeans schaust du viel flotter aus.

Mutter Na klar. Warum begnüge ich mich nicht zwei Paar Jeans und zwei T-Shirts? Die kann ich in einem Karton im Keller lagern, und du hast Platz. Zumindest für die nächsten zwei, drei Monate.

Tochter Ha. Ha.

Mutter Als ich so alt war wie du –

Tochter Warst du ganz arm, ich weiß. Und was kann ich dafür?

Mutter Als ich so alt war wie du, hatten wir kein Geld und keinen Platz und ich kriegte immer nur die alten Klamotten von meiner Schwester. Damals habe ich mich für arm gehalten. Aber wie es ausschaut, war das meine wohlhabende Phase, verglichen mit dem, was du mir zugestehen willst.

Tochter Geh, bitte –

Mutter Das kommt davon. Das kommt davon, weil ich keine autoritäre Mutter bin. Ich hätte dich ab und zu in der Ecke stehen lassen sollen.

Tochter Tja, jetzt isses zu spät.

Mutter Ich werde einen Mütter-Ratgeber schreiben. »Bügelt sie nieder, solange sie klein sind«. »Wehret den Anfängen!« »Sperrt sie in Käfige«. Irgend so was.

Tochter Na fein, dann kannst du schon einmal ganz viel Zeug ausmisten. Weil wenn du dann sowieso nur noch daheim vorm Computer sitzt, brauchst du keine Hosenanzüge.

Kirstens Mutter

Sohn Morgen! Habt ihr schon gefrühstückt?

Mutter Morgen ist gut. Es ist halb drei.

Sohn Na und? Heute ist Sonntag.

Vater Gibt's einen Wochentag, an dem du morgens aufstehst?

Sohn Bitte! Ich bin 21! Ich bin ein erwachsener Mensch. Ich kann selber entscheiden, wann ich aufstehe. Ist noch Kaffee da?

Vater Es ist halb drei.

Sohn Um die Zeit hat es in ordentlichen Familien gerade Mittagessen gegeben und es wird Kaffee getrunken.

Mutter Kann sein. Bei uns nicht.

Sohn Willst du mich jetzt bestrafen oder was?

Mutter ???

Sohn Ich kriege kein Frühstück, nur weil ich nicht um acht aus dem Bett springe wie ein Gestörter? Das ist doch kindisch.

Mutter Du bist 21.

Sohn Ja, und?

Mutter Man sollte annehmen, dass du dir selber was zum Essen nehmen kannst.

Sohn Natürlich kann ich. Es geht ja nicht darum, dass das eine Hexerei ist. Ich hab nur geglaubt, du willst vielleicht einmal nett zu mir sein.

Mutter Gleich bricht mir das Herz.

Sohn Nein, im Ernst. Sowas gehört zum Familienleben. Woanders.

Vater Wenn du so wild bist auf Familienleben, warum frühstückst du dann nicht mit uns?

Sohn	Wollt ihr mich erpressen?
Vater	Vielleicht solltest du einmal das Wort Erpressung nachschlagen.
Sohn	Sollte ich nicht. Ich weiß schon, was ich sage. Du willst, dass ich so lebe, wie du es für richtig hältst. Weil du ein Frühaufsteher bist, muss ich auch früh aufstehen.
Vater	Ich bin überhaupt kein Frühaufsteher.
Sohn	Nach deiner Definition vielleicht nicht. Aber deine Definitionen gelten nicht für alle anderen. Kannst du mich nicht so akzeptieren, wie ich bin? Übrigens wart ihr furchtbar laut.
Mutter	???
Sohn	Wenn ihr durchs Haus geht, zittert der Boden.
Mutter	Warum akzeptierst du uns nicht, wie wir sind?
Sohn	Ha, ha. Tu ich doch. Ich verlange nicht, dass ihr eure Wertvorstellungen ändert oder so was. Ich finde nur, ihr könntet ein bisschen Rücksicht nehmen.
Mutter	So wie du?
Sohn	Zum Beispiel. Ich war den ganzen Vormittag leise.
Vater	Nachdem du dich beim Heimkommen verausgabt hast. Da hast du nämlich mit den Türen geknallt.
Sohn	Soll ich sie offen stehen lassen?
Mutter	Nein, nur leise zumachen.
Sohn	Wenn die Schlösser geölt wären, würden sie besser schließen.
Vater	Bravo! Wenn du das so logisch erkennst, warum ölst *du* sie nicht?
Sohn	Nicht böse sein, aber bin ich hier der Hausmeister?
Mutter	Sind wir's?
Sohn	Nein, aber es ist euer Haus. Gott, haben wir keinen

anderen Käse daheim? Wieso gibt's bei uns immer nur die grauslichsten Käsesorten?

Mutter Wieso kaufst du nicht selber ein?

Sohn Entschuldige – was soll ich noch alles machen? Schlösser ölen, einkaufen … Darf ich euch daran erinnern, dass ihr die Eltern seid, nicht ich?

Vater Du bist 21. Du bist ein erwachsener Mensch.

Sohn Das heißt aber nicht, dass sich die Rollen umkehren. Sind meine Jeans gewaschen?

Mutter Du bist alt genug, um zu machen, was du willst, aber zu klein, um eine Waschmaschine zu bedienen?

Sohn *Zu klein*! Merkst du nicht, wie lächerlich das klingt?

Mutter Richtig. Es ist lächerlich.

Sohn Bitte! Ich verlange ja nicht, dass du extra was für mich tust, aber du wäscht doch sowieso! Kochst du heut abend?

Vater Wir sind eingeladen.

Sohn Na gut, kochen wir halt selber. Sind noch Hühnerfilets im Tiefkühler?

Mutter *Ihr* kocht?

Sohn Kirsten kommt her.

Mutter Könnt ihr vielleicht ausnahmsweise die Küche nicht versauen? Oder aufräumen, nachdem ihr sie versaut habt?

Sohn Mama, kannst du bitte aufhören, dich in mein Leben zu mischen? Du willst alles klinisch sauber. Ich nicht.

Vater Und wie nennst du das, was du mit unserem Leben machst?

Sohn Ich mache gar nichts damit. *Ich* sage ja nicht, dass hier alles keimfrei sein muss.

Mutter Wieso bestimmst du, wie es hier sein muss oder nicht sein muss?

Sohn Ich hab geglaubt, solange ich hier wohne, ist das auch mein Haus. War nur so eine Annahme. Hab gedacht, hier herrscht sowas wie Demokratie.

Vater Naja, du bist 21. Du könntest auch ausziehen.

Sohn Gern. Zahlt ihr mir eine Wohnung?

Vater Als wir ausgezogen sind von daheim, haben wir uns selber eine Wohnung gezahlt.

Sohn Und Peter Rosegger war ein Waldbauernbub.

Mutter Was soll das wieder heißen?

Sohn Die Zeiten haben sich geändert. Übrigens finde ich es nicht in Ordnung, dass du Kirsten miesmachst.

Mutter ???

Sohn Wieso soll sie deine Küche aufräumen?

Mutter Nicht sie. Ihr. Wenn ihr darin kocht.

Sohn Wir kochen nur, weil du uns nichts kochst. *Ihre* Mutter kocht für uns, wenn wir dort sind.

Sohn ab.

Vater Manchmal habe ich den Eindruck, wir reden Chinesisch mit ihm.

Mutter Ich hasse Kirstens Mutter!!!

Vater Warum?

Mutter Irgendwen muss ich hassen dürfen.

Karrierefrau

Tochter Französisch schmeiß ich.

Mutter Was heißt das, du *schmeißt* es?

Tochter Aufgeben. Beenden. Nicht weitermachen. Ist doch eh freiwillig. Also kein Grund zur Aufregung.

Mutter Aber du warst doch immer so gut.

Tochter Na und? Ist trotzdem öd. Mir reicht der ganze andere Krempel.

Mutter Hast du dir das gut überlegt?

Tochter Da gibt's nix zum Überlegen.

Mutter Das seh ich nicht so. Fremdsprachen –

Tochter – sind wichtig, überhaupt in der globalisierten Welt, blah, blah, blah. Bitte nicht schon wieder die alte Leier. Die kann ich auswendig.

Mutter Aber Fremdsprachen *sind* wichtig.

Tochter Wofür?

Mutter Für den Beruf.

Tochter Für welchen Beruf?

Mutter Im Grunde für jeden.

Tochter Blödsinn. Glaubst du, als Friseurin muss ich Französisch können?

Mutter Könnte nicht schaden. Willst du Friseurin werden?

Tochter Wär dir das zu minder?

Mutter Nein, aber es ist nicht besonders aussichtsreich, weißt du. Es gibt jetzt schon zu viele Friseurinnen für zu wenige Arbeitsplätze.

Tochter Wer sagt das?

Mutter Die Arbeitsmarktstatistik.

Tochter Na gut, kann sein. Trotzdem: Wieso ist dir mein *Beruf* so wichtig?

Mutter Vielleicht, weil wir dir keine Privatstiftung hinterlassen können?

Tochter Nein, das meine ich nicht. Dass ich einmal Geld verdienen muss, sehe ich schon ein. Aber warum muss es unbedingt *viel* Geld sein?

Mutter Ich weiß nicht. Findest du es lustiger, für *wenig* Geld zu arbeiten?

Tochter Geld ist jedenfalls nicht alles.

Mutter Eh nicht. Ich sag ja nicht, du musst dir einen Beruf suchen, der dich nicht interessiert. Etwas tun dürfen, was einen halbwegs freut, ist das Allerwichtigste. Aber gut davon leben können ist auch nicht schlecht.

Tochter Ja, aber *Karrierefrau* will ich keine werden.

Mutter Nein?

Tochter Sicher nicht.

Mutter Warum?

Tochter Weil ich auch ein Privatleben haben will.

Mutter Kannst du doch. Mit und ohne Karriere.

Tochter Ein *glückliches.*

Mutter Du meinst, Karrierefrauen sind auf ein unglückliches Privatleben abonniert?

Tochter Schon.

Mutter Sagt wer –?

Tochter Das weiß man doch. Schau dich um. Das sind lauter frustrierte, einsame Zicken. Erfolgreich, aber null Liebe.

Mutter Heißt es.

Tochter Wird schon stimmen.

Mutter Bist du sicher, dass *keine* Karriere ganz viel superglückliches Privatleben bringt?

Tochter Nein, aber –

Mutter Auch Friseurinnen können einsam sein, weißt du. Auch Arzthelferinnen werden geschieden.

Tochter Naja, aber sie haben mehr Zeit für ihre Familie. Wenn sie eine haben.

Mutter Was denn, wenn sie *zwei* Jobs annehmen, damit sie über die Runden kommen? Oder pendeln müssen? Denkst du, eine Supermarktkassierin verbringt lauter gemütliche Feierabende mit ihren Kindern? Die kommt spät heim und muss früh raus.

Tochter Du tust, als könnte es einem nur schlecht gehen, wenn man nicht vom Ehrgeiz zerfressen wird.

Mutter Nein, *du* tust, als ob Ehrgeiz tödlich wäre. Außerdem, wer sagt dir denn, dass die Supermarktkassierin keinen Ehrgeiz hat? Vielleicht wär sie gern Filialleiterin.

Tochter Und?

Mutter Und man hat ihr vielleicht einen Schnösel vor die Nase gesetzt. Warum tut *sie* dir nicht leid?

Tochter Sag ich ja nicht, aber –

Mutter Weißt du, ich find's verdächtig, dass ausgerechnet die Frauen bedauert werden, die's geschafft haben. Warum sagt niemand: Werdet bloß nicht Verkäuferin, Lohnverrechnerin, Arzthelferin – ihr zahlt dafür mit einem miesen Privatleben?

Tochter Weil's nicht so ist. Eine Arzthelferin *muss* doch kein mieses Privatleben haben.

Mutter Richtig. Und dasselbe gilt für Marketingchefinnen.

Tochter Du sagst aber doch selber, dass sich Beruf *und* Kinder schwer ausgehen.

Mutter Aber ich sage nicht, dass es leichter wird, wenn man wenig verdient und nichts zu reden hat. Im Zweifelsfall können sich Chefinnen ihre Zeit freier einteilen, weißt du. Und sie können Hilfe dazukaufen.

Tochter Na schön. Alles falsche Propaganda. Aber wozu? Wer bitte soll denn den Frauen das Karrieremachen unbedingt vermiesen wollen?

Mutter Naja. Mal überlegen. Konkurrenten. Liebhaber mit einem schwachen Ego. Ehemänner, die sich daheim gern bedienen lassen …

Tochter Du mit deinen Verschwörungstheorien.

Mutter Ich bin nur gegen das schlechte Image, das Frauen umgehängt kriegen, wenn sie Erfolg haben.

Tochter *Erfolg* … Das ist doch was Subjektives, oder? Ich meine, man kann doch auch mit sich zufrieden sein, ohne dass alle vor einem auf dem Bauch liegen, oder?

Mutter Klar.

Tochter Siehst du.

Mutter Was?

Tochter Man muss sich nicht zu Tode schuften, nur damit man gut dasteht.

Mutter Du meinst, erfolgreiche Frauen investieren ihre ganze Kraft ins Vorwärtskommen?

Tochter Sicher.

Mutter Ich glaube, dass sie vorwärtskommen, weil sie aus ihrer Arbeit auch ganz viel Kraft *beziehen*.

Tochter Aber Männer halten keine starken, selbständigen, unabhängigen Frauen aus!

Mutter Männer halten alles Mögliche nicht aus. Jammernde, unzufriedene, hilflose Frauen. Frauen, die hinter ihnen herputzen. Frauen, die *nicht* hinter ihnen herputzen. Frauen, die nichts von Fußball verstehen. Frauen, die mehr von Fußball verstehen als sie. Oder eine Frau, die sie zwanzig Jahre lang gut ausgehalten haben.

Tochter Du bist so negativ.

Mutter Gar nicht. Manche Männer halten auch Frauen aus, die kein anderer Mann aushalten würde. Und manche Frauen halten Männer aus, die nicht zum Aushalten sind. So ist das mit der Liebe.

Tochter Aber erfolgreiche Frauen stellen zu hohe Ansprüche. Deswegen bleiben sie allein.

Mutter Zu zweit sein, weil man keine Ansprüche stellt – ist das ein Glück?

Tochter Na gut. Was willst du mir damit sagen?

Mutter Rat einmal.

Tochter Ich soll Französisch nicht schmeißen.

Mutter Zum Beispiel.

Tochter Damit ich später einmal Interviews in vier Sprachen geben kann?

Mutter Zum Beispiel.

Tochter In denen ich sage, dass ich es ohne meine Mutter nie nach ganz oben geschafft hätte?

Mutter Wär eine Möglichkeit.

Tochter Und in denen ich erzähle, wie kalt und einsam es *on top* ist?

Mutter Ach, weißt du, ich halte mich da an Françoise Sagan. Wenn schon weinen, dann lieber im Penthouse als in der Waschküche.

Mein Kontrollzwang

Leider habe ich diesen Kontrollzwang und traue niemandem außer mir was zu, und nur deshalb muss immer ich den Geschirrspüler ausräumen, weil man mir ja doch nichts recht machen kann.

Ich mag es nicht, wenn jede Teetasse woanders steht, ich schimpfe vor mich hin, wenn ich sämtliche Schubladen vergeblich nach der Knoblauchpresse absuche (die später bei den Schraubenziehern auftaucht), und ich beschwere mich, wenn ich nach einem Kochtopf greife und stattdessen auf einen Turm von lose gestapelten Schüsseln stoße, die den Turmeinsturz nicht überstehen.

Statt zufrieden zu sein, dass der Geschirrspüler ausgeräumt wurde, will ich auch noch, dass das gespülte Geschirr eingeräumt wird, und zwar nach starren, von mir aufgestellten Regeln. Wassergläser zu Wassergläsern! Deckel zu Deckeln! Besteck nicht nur in die Bestecklade, sondern auch noch Messer zu Messern! Wie einfallslos, wie kleinkariert, wie unkreativ!

Die Pfeffermühle an den gewohnten Platz? Warum? Hab ich keine anderen Sorgen?

Kühn behaupte ich, gerade weil mich die Pfeffermühle emotional nicht sonderlich bewegt, möchte ich ihrer Auffindung keinen Gedanken schenken müssen, aber diese Ausrede zieht nicht. Tagtäglich entlarve ich mich als kleinkrämerische Seele, die nur glücklich ist, sobald sie anderen ihren beschränkten Horizont aufzwingen kann.

Dreht ihr das Licht ab?, frage ich meine Mitbewohner, wenn ich früher schlafen gehe als sie, und sofort sind meine Mitbewohner stocksauer, weil ich ihnen unterstelle, sie wären zu blöd, um zu wissen, dass man das Licht abdreht, ehe man zu

Bett geht. Wieso sage ich sowas extra? Wieso komme ich auf die Idee, sie könnten das Licht brennen lassen?
Äh. Vielleicht weil das Haus, wann immer ich früher schlafen gehe, am Morgen in voller Festbeleuchtung erstrahlt?
Meine Mitbewohner mustern mich gekränkt. Ja, wenn ich das so sehe und ihnen nicht vertraue, dann darf ich eben nicht früher schlafen gehen!
Macht die Fenster zu, wenn es regnet!, sage ich zu meinen Mitbewohnern, als ich das Haus verlasse, und sogleich greifen sie sich an den Kopf ob meiner Unfähigkeit, das Kommando abzugeben. Sogar in Abwesenheit will ich anschaffen!
Kein Wunder, dass ich bei meiner Rückkehr offene Fenster und Regenlachen auf dem Fußboden vorfinde, ich war ja auch nicht bereit, an ihre Kompetenz zu appellieren, sie haben sich einfach nicht zuständig gefühlt.
Meine Einmischung in alles und jedes geht so weit, dass ich die jüngeren unter meinen Mitbewohnern allen Ernstes frage, ob sie am Ende ohne Kopfbedeckung zum Eislaufen aufbrechen wollen, so, als handle es sich bei ihnen um Kleinkinder, so, als wären sie nicht in der Lage, in eigener Verantwortung zu entscheiden, wie viel sie anziehen und was sie aufsetzen.
Später verkenne ich die Lage noch einmal, weil sie, wenn sie mich anrufen, um zu fragen, ob schneidende Ohrenschmerzen auf einen Trommelfelldurchbruch hindeuten und zu bleibender Taubheit führen können, nicht mit weiteren Bekleidungsvorschriften eingedeckt und schon gar nicht zum Arzt geschickt werden wollen. Ich soll bloß eine Diagnose stellen, das Bett herrichten und ein passendes Medikament besorgen. Das ist alles. Den Rest erledigen sie schon selber, sie sind schließlich erwachsen.
Und dann mein Wiederholungszwang. Sie haben's doch schon gehört, ja, ist ja gut, wegräumen, alles klar – was sonst?

Vielleicht: herumliegen lassen?
Typisch. Typisch für mich, dass ich ihnen das unterstelle. Immer nehme ich nur das Schlechteste an. Dadurch fühlt man sich ja geradezu provoziert, meine pessimistischen Erwartungen zu erfüllen. *Self fulfilling prophecy*. Das habe ich davon.
Manchmal träume ich von den düsteren Zeiten ohne Psychovokabular, als die Ordnungsliebe noch Ordnungsliebe hieß und eine Tugend war. Damals hatte die Hausfrau das Sagen und nicht bloß die Arbeit.
Heute: *Pedanterie. Neurotisch. Dominanzverhalten.* Du verlangst von mir, dass *ich* wissen soll, wo mein schwarzes Seidentop ist, wo *du* doch die *Ordnungsfanatikerin* bist, die immer alles verräumt?
Meine Mitbewohner sind nicht die Einzigen, die unter einer Möchtegern-Domina leiden. Man hört es immer wieder: Die Kinder bemühen sich, die Männer zerfransen sich, aber die Frauen wissen es besser und sind mit nichts zufrieden.
Verzweiflungsschrei der Gequälten: *Dann macht es doch selber*!
Wickelt doch das Baby selber, wenn ihr keine Scheiße vom Wickeltisch wischen wollt!
Wascht doch die Wäsche selber, wenn sie kein bisschen verfärbt sein soll!
Saugt doch selber, wenn kein Lurch unterm Bett bleiben darf!
Immer euer *Perfektionismus*!
Manchmal sehne ich mich nach den gar nicht so düsteren Zeiten, als ich selber noch die psychisch unversehrte Tochter einer schrecklich kleinbürgerlich konditionierten Mutter war, die ihren unbefriedigten Ehrgeiz in das Bügeln meiner Kleidungsstücke legte, allerdings mit der perversen Auflage, sie nicht sofort wieder zu verknittern. Damals war mein Ordnungssinn herrlich unterentwickelt. War ja eine andere blöd genug, mich mittels ekelhaftem Perfektionismus vorm totalen Chaos zu retten.

Mach dir keine Sorgen

Eine Mutter ruft ihre Tochter an.

Mutter Gott sei Dank! Dass ich dich einmal erwische! Ist alles in Ordnung?

Tochter Was soll denn nicht in Ordnung sein?

Mutter Seit einer Woche versuche ich dich zu erreichen. Hörst du deine Mobilbox nicht ab?

Tochter Natürlich hör ich sie ab. Warum?

Mutter Ich hab dir mindestens zwanzigmal draufgesprochen.

Tochter Du hast mir mindestens *hundertmal* draufgesprochen.

Mutter Und weshalb rufst du nie zurück?

Tochter Mama, fällt dir nicht auf, wie peinlich das ist? Ich bin ein erwachsener Mensch, du musst doch nicht panisch hinter mir hertelefonieren, wenn ich mich einmal ein paar Tage nicht melde.

Mutter Ich wollte wissen, ob du gesund bist.

Tochter Warum sollte ich nicht gesund sein?

Mutter Das letzte Mal, als wir geredet haben, hast du gesagt, du hättest rasende Kopfschmerzen und es wär dir schlecht.

Tochter So war's ja auch.

Mutter Und danach warst du nicht mehr erreichbar.

Tochter Ja und?

Mutter Ich hab mir Sorgen gemacht.

Tochter Wieso musst du dir immer gleich Sorgen machen?

Mutter Ich mach mir nicht *immer* Sorgen, ich mach mir dann Sorgen, wenn du sagst, dass du dich krank fühlst und anschließend verschollen bist.

Tochter Ich war ja auch wirklich krank.

Mutter Wann?

Tochter Na, wie ich mit dir geredet hab.

Mutter Und danach warst du gleich wieder gesund und hast nicht mehr mit mir reden können?

Tochter Meine Güte, ich hab doch nicht gewusst, dass du gleich panisch wirst –

Mutter Warum?

Tochter Warum was?

Mutter Warum du nicht mit mir reden kannst, wenn du gesund bist.

Tochter Ich rede ja mit dir. Jetzt rede ich doch grade mit dir.

Mutter Kann es sein, dass du es gern hast, wenn ich mir Sorgen mache?

Tochter Also, bitte, nicht bös sein, aber kann es sein, dass du ein bisschen egozentrisch bist? Ich tue doch nicht alles, was ich tue, nur wegen dir.

Mutter Alles nicht.

Tochter Oder glaubst du, ich habe gelogen? Glaubst du, ich sage, mir geht's nicht gut, obwohl es mir gut geht? Das war ja schon immer so. Du hast mir nie was geglaubt. Ab in die Schule, egal, wie schlecht mir war.

Mutter Ich fand es etwas auffällig, dass dir vor jeder Matheschularbeit schlecht war.

Tochter Mein Gott! Na und? Sicher war mir vor jeder Matheschularbeit schlecht. Das war psychosomatisch.

Mutter Vielleicht wäre dir weniger schlecht gewesen, wenn du vorher dafür gelernt hättest.

Tochter Ich hätte auch einen Blinddarmdurchbruch haben können. Man kann auch vor Matheschularbeiten einen Blinddarmdurchbruch haben.

Mutter Nur, wenn man noch einen Blinddarm hat.

Tochter Oder eine Mandelentzündung. Oder ein Magengeschwür.

Mutter Richtig. Man kann alles Mögliche haben. Und deswegen mach ich mir Sorgen, wenn du zuerst todkrank ins Telefon keuchst und danach nicht mehr zurückrufst.

Tochter Ich habe nicht todkrank ins Telefon gekeucht! Machst du dich lustig darüber, dass mir sterbenselend war?

Mutter Ich habe es *nicht* lustig gefunden!

Tochter Weißt du, andere Mütter kümmern sich einfach, wenn es einem schlecht geht, statt dass sie sich lustig machen.

Mutter Ich *habe* mich gekümmert. Ich hab dich angerufen.

Tochter Anrufen ist Kontrollterror.

Mutter Was denkst du, dass ich *kontrollieren* wollte?

Tochter Keine Ahnung. Wann ich schlafengegangen bin. Wann ich aufgestanden bin. Ob ich gefrühstückt habe.

Mutter Du kannst mir doch sowieso erzählen, was du willst.

Tochter Richtig.

Mutter Warum sollte ich dich dann fragen?

Tochter Was weiß ich. Vielleicht damit du mir sagen kannst: Wenn du früher schlafen gegangen wärst, hättest du keine Kopfschmerzen.

Pause.

Mutter Weißt du was? Sag's mir einfach nicht mehr, wenn dir was fehlt. Ich will es nicht wissen.

Tochter Wieso? Bin ich dir so egal?

Mutter Das ist mir jetzt zu blöd.

Tochter Typisch. Wenn's eng wird für dich, kneifst du.

Mutter Wieso wird's eng für mich?

Tochter Ich weiß nicht. Vielleicht hast du ja Schuldgefühle. Vielleicht hast du Schuldgefühle, weil du immer so besorgt tust, obwohl ich dir in Wahrheit scheißegal bin.

Mutter Na klar. Das wird's sein.

Tochter Aber, okay, passt schon. Ich bin mir ja selber auch scheißegal.

Mutter Seit wann?

Tochter Seit wann? Ich habe selbstdestruktive Tendenzen, wenn du's wissen willst.

Mutter Sagt wer?

Tochter Ein Typ, den ich kennengelernt habe.

Mutter Gehe ich recht in der Annahme, dass er kein Psychiater ist?

Tochter Man muss kein Psychiater sein, um was von Menschen zu verstehen.

Pause.

Mutter *(entschlossen)*: Okay, ich freue mich, dass es dir gut geht, mehr wollte ich nicht wissen, und jetzt lass uns Schluss machen.

Tochter *Ich freue mich, dass es dir gut geht*? Ich sage, ich habe selbstdestruktive Tendenzen, und du sagst: *Ich freue mich, dass es dir gut geht*?

Mutter Ich wollte sagen, ich bin froh, dass deine Kopfschmerzen weg sind.

Tochter Ich sage, ich habe einen Typen kennengelernt, und du sagst: *Lass uns jetzt Schluss machen*? Wozu rufst du überhaupt an?

Mutter Willst du mir was über den Typen erzählen?

Tochter Ich weiß nicht, ob ich das soll. Du wirst ja doch kein gutes Haar an ihm lassen.

Mutter Wenn du das so sicher weißt.

Tochter Ziemlich sicher.

Pause.

Mutter Also. Ich höre.

Tochter Lieber nicht.

Pause.

Mutter *(seufzend)*: Okay. Dann lege ich jetzt auf. Wenn du es dir anders überlegst, kannst du mich ja anrufen.

Tochter Ja. Vielleicht. Aber telefonier nicht wieder aufgeregt hinter mir her, wenn ich mich eine Zeitlang nicht melde.

Mutter Gut.

Tochter Ich werd nämlich nicht dazukommen.

Mutter Gut.

Tochter Ich bin nämlich sehr beschäftigt.

Mutter Aha.

Tochter Man könnte auch sagen, ich hab ziemlich viel Ärger am Hals.

Mutter Ich werde jetzt nicht fragen, was für Ärger, nur damit du mir sagen kannst, du willst nicht darüber reden.

Tochter Ich will ja auch nicht darüber reden.

Mutter Okay. Dann: ciao.

Tochter Ciao.

Eine Woche später.

Mutter Alles in Ordnung bei dir?

Tochter Ja, warum?

Mutter Weil du doch gesagt hast, du hättest jede Menge Ärger am Hals.

Tochter Ja, und?

Mutter Naja, es berunruhigt mich.

Tochter Hast du mir deswegen zwanzigmal auf die Mobilbox gesprochen?

Mutter Nicht zwanzigmal. Zweimal.

Tochter Warum bist du nur so überbesorgt?

Mutter Weil du immer düstere Andeutungen machst.

Tochter Geh bitte! Außerdem könntest du mir doch eh nicht helfen.

Mutter Wer sagt das?

Tochter Also gut. Wenn ich dir zum Beispiel sage, ich werde von der Mafia bedroht, kannst du mir dann helfen?

Mutter *Wirst* du von der Mafia bedroht?

Tochter Von der Mafia nicht.

Mutter Sondern?

Tochter Mama! Bitte! Du machst mich wahnsinnig!!!

Neurosen

Mutter lebt mit Vater in glücklicher Ehe

bedeutet, dass die Mutter den Vater zu sehr in den Mittelpunkt ihrer Gefühle stellt und die Kinder emotional aushungert.

Mutter lebt mit Vater in unglücklicher Ehe:

Mutter richtet ihre unerfüllte Liebessehnsucht auf die Kinder und macht sie emotional von sich abhängig.

Mutter verlässt Vater:

Die Kinder verlieren das Vertrauen in Bindungen und werden beziehungsunfähig (Söhne) bzw. nymphoman (Töchter).

Mutter lässt zu, dass Vater sie verlässt:

Die Kinder identifizieren sich mit der mangelnden Attraktivität der Mutter und leiden fortan unter Haarausfall (Söhne), Mundgeruch (Töchter) und Schweißhänden.

Mutter ist nicht erwerbstätig:

Die Kinder scheitern im Berufsleben, weil ihnen Mutter nie gezeigt hat, wie man sich in der Arbeitswelt zurechtfindet.

Mutter ist erwerbstätig:

Die Kinder fühlen sich im Stich gelassen, tragen Beulen vom unbeaufsichtigten Öffnen der Kühlschranktür davon und müssen sich per Ladendiebstahl den iPod beschaffen, den Mutter aus Zeitmangel nicht mit ihnen basteln kann.

Mutter mag ihren Beruf:

Die Kinder fühlen sich zurückgesetzt und gehen lieber in die Disco, als Mathe zu lernen, was jedoch nur ein verzweifelter Schrei nach mütterlicher Aufmerksamkeit ist.

Mutter mag ihren Beruf nicht besonders, braucht aber das Geld:

Die Kinder entwickeln eine total materialistische Lebenseinstellung und gieren nach Videospielen statt nach dem Absingen von Volksliedern im Kreis der Geschwister.

Mutter ist großzügig mit Taschengeld:

Die Kinder, an Verschwendung gewöhnt, werden später Schulden machen, in Konkurs gehen und Schande über die heimische Wirtschaft bringen.

Mutter knausert mit Taschengeld:

Die Kinder werden das Trauma dieses Mangels ewig mit einem verschwenderischen Lebensstil kompensieren müssen und nie auf einen grünen Zweig kommen.

Mutter ist ordentlich

und hat was gegen aufgeplatzte Klebstofftuben in der Bestecklade:
Die Kinder, auf zwanghafte Selbstverleugnung konditioniert, leiden in der Folge ein Leben lang unter Verstopfung.

Mutter ist schlampig:

Mutter wäscht den Lieblingspulli ihres Kindes eine ganze Woche lang nicht, obwohl das Kind den Pulli deutlich sichtbar unter einen Berg von Schulheften zum Waschen hingelegt hat: Das Kind läuft Gefahr, fortan chaotisch, unzuverlässig und unstet zu sein.

Mutter will gute Schulnoten sehen:

Das Kind merkt, dass es nicht um seiner selbst willen geliebt wird und entwickelt sich zum gefühlskalten Leistungsneurotiker und Turbokapitalisten.

Mutter toleriert schlechte Schulnoten:

Der Mangel an Herausforderung hat zur Folge, dass sich im Kind eine große Gleichgültigkeit breitmacht. Es bezweifelt den Sinn des Lebens und wird eine zynische, nihilistische Persönlichkeit.

Mutter duldet spätes Heimkommen von Partys:

Die Kinder, die trotzdem ihre Grenzen erfahren wollen, werden sich gezwungen sehen, Bierflaschen vom Balkon zu schmeißen.

Mutter duldet spätes Heimkommen von Partys nicht:

Die Kinder geben die Unterdrückung, die sie erfahren, später weiter und entwickeln sich zu kontrollierenden, tyrannischen Persönlichkeiten.

Mutter fordert Mithilfe im Haushalt:

Die Kinder fühlen sich ausgenützt und kriegen als Erwachsene Magengeschwüre sowie Ehepartner(-innen), die sie ausnützen.

Mutter hat es aufgegeben, Mithilfe im Haushalt zu fordern:

Die verwöhnten Kinder lernen keine Frustrationstoleranz und zocken später skrupellos gutgläubige RentnerInnen ab, um sich ein bequemes Leben zu finanzieren.

Mutter geht oft aus:

Die Kinder sind zutiefst getroffen, weil sie der Mutter weniger wichtig sind als oberflächliche Vergnügungen. Ihr Selbstwertgefühl bleibt auf der Strecke, auf ihrer Suche nach Liebe liefern sie sich dem erstbesten Sadisten aus (Töchter) oder tragen ihr ganzes Geld zu *strengen Herrinnen* (Söhne).

Mutter hockt immer daheim:

Die Kinder hassen die lasche Alte für den latenten Vorwurf, den sie in ihrer Opferhaltung spüren, und nabeln sich gewaltsam ab, indem sie das Familiensilber auf dem Flohmarkt verscherbeln.

Mutter ist dick:

Die Kinder müssen sich für die Mutter genieren und sind in ihrem Durchsetzungsvermögen beeinträchtigt.

Mutter hat eine tolle Figur:

Die Kinder registrieren verstört, dass die Mutter im Rennen bleiben will, und beantworten die Konkurrenzsituation mit Essstörungen (Töchter) oder Vandalismus (Söhne).

Mutter und die Liebe

Tochter Der Niki ist so ein Arschloch, den halt ich nicht mehr aus!

Mutter Wieso?

Tochter Was wieso? Wieso ich ihn nicht mehr aushalte? Weil er ein Arschloch ist! Hab ich doch grad gesagt.

Mutter Nein, wieso er ein Arschloch ist.

Tochter Weiß ich doch nicht. Frag ihn. Ich wüsste es auch gern.

Mutter Nein, ich meine, inwiefern ist er ein Arschloch? Was hat er getan?

Tochter Darum geht's doch nicht. Er ist eben ein Arsch. Jemand ist doch nicht ein Arsch, weil er einmal was getan oder nicht getan hat. Da steckt doch mehr dahinter. Sowas sagt man doch nicht von ungefähr.

Mutter Ich hab ja auch wissen wollen, was dahinter steckt.

Tochter Wieso? Glaubst du mir nicht, wenn ich dir sage, dass ich meine Gründe habe?

Mutter Herrgott, was willst du denn von mir?

Tochter Du sollst sagen, dass der Niki ein Arschloch ist.

Mutter Ich hab aber keinen Anlass dazu.

Tochter Ach nein? Er hat deine Tochter beleidigt. Ist das kein Anlass?

Mutter Ich soll über den Niki schimpfen wegen einer Beleidigung, von der ich nicht weiß, worin sie besteht?

Tochter Er hört dich eh nicht.

Mutter Trotzdem.

Tochter Na klar. Du hältst zu ihm. Hätt ich mir denken können.

Mutter Wenn ich ihn verabscheuen muss, wüsste ich gerne wofür.

Tochter Vergiss es. Ich weiß, dass du sein Fan bist. Du kennst ihn ja auch nicht, wie er wirklich ist.

Mutter Bis vor kurzem warst du ebenfalls sein Fan.

Tochter Da hab ich noch nicht gewusst, was für ein Arschloch er ist.

Mutter Findest du nicht, dass diese Unterhaltung ein klein wenig stagniert?

Tochter Wenn ich nur wüsste, was ich jetzt tun soll.

Mutter ???

Tochter Ich kann auf keinen Fall allein zu dieser Party gehen.

Mutter Warum?

Tochter Das verstehst du nicht. Aber es geht nicht.

Mutter Du kennst doch eh so viele Leute –

Tochter Ich brauch keine *Leute*! Ich muss mit einem absolut geilen Typ antanzen, vor dem alle in die Knie gehen. Vor allem der Niki.

Mutter Was ist mit diesem Andreas?

Tochter Mit welchem Andreas?

Mutter Na, der –

Tochter Du redest vom *Andreas*?

Mutter Ja –

Tochter Ich sage, ich brauch einen absolut geilen Typ, und du redest vom *Andreas*?

Mutter Du hast selber gesagt, dass er fesch ist.

Tochter Fesch … fesch … Er ist einfach *kein* geiler Typ.

Mutter Warum nicht?

Tochter Weil er ein Wappler ist.

Mutter Ein Wappler?

Tochter Ein Loser.

Mutter Warum? Weil er *kein* Arschloch ist?

Tochter Woher weißt du das? Vielleicht ist er ja eins.

Mutter Ich frag nur.

Tochter Weil die Mütter auf ihn abfahren. Deshalb.

Mutter Ich fahre nicht auf ihn ab!

Tochter Du nimmst ihn gerade in Schutz.

Mutter Ich versteh nur nicht, warum er ein Wappler sein soll.

Tochter Der Andreas! Der ideale Schwiegersohn! So ein Braver! Und so tüchtig! Hat bestimmt in ein paar Jahren seine eigene Steuerberatungskanzlei. Gib zu, das gefällt dir.

Mutter Seit wann ist es mir wichtig, ob Menschen ihre eigene Steuerberatungskanzlei haben? Hallo! Aufwachen! Du redest mit mir und nicht mit einer Witzfigur aus einer Soap!

Tochter Warum willst du ihn mir dann aufschwatzen?

Mutter Ich will ihn dir nicht aufschwatzen. Er ist mir nur eingefallen, weil du gesagt hast, du möchtest nicht allein zu dieser Party gehen.

Tochter Ich *kann* nicht allein gehen. Das ist ein Unterschied.

Mutter Du bist ein Opfer der Hofetikette?

Tochter Mama! Gib's auf. Du kennst dich ja doch nicht aus.

Mutter Das stimmt.

Tochter Ist ja nett von dir, dass du dir den Kopf zerbrichst.

Mutter Hab schon begriffen. Ich kann nichts Vernünftiges beitragen. Obwohl: Sooo ahnungslos bin ich auch nicht.

Tochter Was meinst du?

Mutter Naja, dass die Braven die Uninteressanten sind … Das ist nicht neu, glaub mir.

Tochter Hör auf, du kannst mir den Andreas nicht geil reden.

Mutter Will ich gar nicht. Ich sag nur, dass ich das kenne. Mistkerl-Faktor und so.

Tochter Mistkerl-Faktor?

Mutter Heißt, dass Männer ohne einen Touch von Mistkerl nicht so gut ankommen wie Männer mit.

Tochter Ich sag's ja, du checkst es nicht. Ich hab mich doch vom Niki grade getrennt, *weil* er ein Arschloch ist.

Mutter Ja, zu *viel* Mistkerl ist nicht gut. Das ist das Problem. Es darf nicht zu viel und nicht zu wenig sein.

Tochter Woher willst du denn das wissen? Für dich hat es doch nie einen anderen gegeben als den Papa!

Mutter Wer sagt das?

Tochter Mama! Bitte! In deiner Generation habt ihr bis zur Volljährigkeit an den Storch geglaubt.

Mutter Ich möchte gern wissen, woher du deine Kenntnisse hast! Meine Generation war die Nutznießerin der sexuellen Revolution.

Tochter Aber du doch nicht.

Mutter Nein, ich bin in einer Dachkammer gesessen und habe Geschirrtüchter gehäkelt, bis dein Vater auf einem weißen Pferd gekommen ist und mich erlöst hat.

Tochter Willst du sagen, du warst eine Schlampe?

Mutter Den Ausdruck *Schlampe* lehne ich ab.

Tochter Ein Partyluder?

Mutter Hör auf mit diesem sexistischen Gequatsche.

Tochter Du spielst dich nur auf, oder?

Mutter ???

Tochter Du machst jetzt auf wilder Feger, um mir zu imponieren, stimmt's?

Mutter Ich muss dir doch nicht imponieren.

Tochter Musst du nicht?

Mutter Nicht mit meinem Sexualleben.

Tochter *Sexualleben*! Wie das klingt.

Mutter ???

Tochter Ehrlich, das ist urpeinlich. Glaubst du, ich will mir vorstellen, wie du … Also nein, das bitte nicht!

Mutter Wer ist jetzt spießig?

Tochter Du bist meine *Mutter*!

Mutter Na und? Ich wollte doch nur klarstellen, dass ich auch ein paar Erfahrungen habe.

Tochter Hast du den Papa betrogen?

Mutter Ich hatte ein Leben *vor* dem Papa.

Tochter Das war nicht meine Frage.

Mutter Selbstverständlich habe ich den Papa *nicht* betrogen.

Tochter Du würdest das in jedem Fall sagen, richtig?

Mutter Korrekt.

Tochter Ich hab den Niki betrogen. Wobei ich *betrogen* für ein blödes Wort halte. Viel zu dramatisch.

Mutter Und wieso ist der Niki dann ein Arschloch?

Tochter Weil er mir eine Riesenszene gemacht hat. Aber vielleicht bin ich ja auch fremdgegangen, *weil* er so ein Arsch ist.

Mutter Du bist fremdgegangen und schiebst ihm die Schuld in die Schuhe?

Tochter Das klingt jetzt schon wieder verdammt so, als würdest du zu ihm halten.

Mutter Ich bin nur total verblüfft.

Tochter Ich sag ja, du kennst dich überhaupt nicht aus.

Oliver zieht ein

An: edith.richter@aon.at

Von: elisabethklein27@gmx.net

Betreff: Hurra!

Stell dir vor, Edith,

Oliver zieht wieder bei uns ein! Viola und er haben sich getrennt, und Viola hat die Wohnung behalten. Also stünde Oliver mehr oder weniger auf der Straße, wenn er nicht bei uns wohnen könnte, der Arme! Nein, das stimmt natürlich nicht ganz, aber ich habe ihm geraten, jetzt erst mal nichts zu überstürzen und mit seinem Krempel nach Hause zu kommen, damit er sich in Ruhe nach einer neuen Bleibe umschauen kann. Nebenbei finde ich es sehr großzügig, dass er Viola die gemeinsame Wohnung so sang- und klanglos überlassen hat. Viola wird noch schön schauen, einen derart Gutherzigen findet sie nicht so bald wieder. *Zu* gutherzig, könnte man sagen. Manchmal mache ich mir Sorgen, vielleicht hätte ich ihn zu ein bisschen mehr Egoismus erziehen sollen. Jedenfalls freu ich mich sehr, dass ich meinen großen Kleinen bald wieder daheim habe, wenn auch nur vorübergehend. Endlich mal Zeit für ausführliche Gespräche, wie früher! Nichts gegen Viola, du weißt, ich hab mich sehr bemüht, nett zu ihr zu sein, aber dass sie immer dabei war und ich mit meinem Sohn praktisch nie mehr ein Wort unter vier Augen wechseln konnte, hat mich doch etwas gestört. Naja, vorbei, Schnee von gestern.

Liebe Grüße
Deine Liesl

Betreff: Einzug

Liebe Edith,

seit gestern ist es wahr und wirklich, Oliver wohnt wieder bei uns. Ich sage dir! Der hat Sachen! Mit so viel Krempel habe ich ehrlich gestanden nicht gerechnet, als ich gesagt habe, nimm deinen Krempel und komm zu uns, aber man muss das Positive sehen: Er hat sich eben was geschaffen in den letzten Jahren. Werner hat ein bisschen gegrummelt, weil Olivers Rennrad jetzt den Zugang zur Treppe verstellt und wir wegen der Lautsprecherboxen, die er im Wohnzimmer platziert hat, die Sofas verrücken mussten, aber ich verstehe, dass ein optimaler Sound wichtig ist, und dass das Rad greifbar sein soll.

Was die Wohnung angeht, so hast du natürlich recht damit, dass Viola sie seinerzeit gekauft hat. Formal ist sie ihr Eigentum, das stimmt. Trotzdem. Andere hätten ihr Schwierigkeiten gemacht. Ich finde es nicht so selbstverständlich wie anscheinend du, dass Oliver das Thema nobel nicht mal zur Sprache gebracht hat. Immerhin hat er sich an den Strom- und Heizkosten beteiligt, als er dort gewohnt hat, er hat mitgezahlt, als ein neuer Kühlschrank angeschafft werden musste, und in Violas Küche steht nach wie vor ein Regal, das wir ihnen zur Verfügung gestellt haben, als wir Olivers altes Kinderzimmer entrümpelten. Egal.

Ich muss mich jetzt beeilen, Oliver wünscht sich Rindsrouladen zum Nachtmahl. Sein Lieblingsessen als Kind. Eigentlich wollten Werner und ich ja eine Weile auf die Bremse steigen, was abendliches Völlern anlangt (alle Klamotten spannen), aber was soll's – man muss die Feste feiern, wie sie fallen.

Lg

Liesl

Betreff: Eifersucht

Hallo, Edith,

ich hätte mir ja denken können, dass nichts so glatt geht, wie man es sich wünscht. Melanie ist beleidigt, weil Oliver bei uns wohnt. Jetzt sei kein Platz mehr für sie und die Kinder, wenn sie zum Wochenende kommen wollten, und das Haus sei schließlich auch ihr Elternhaus, und sie habe ebenfalls ein Anrecht darauf. Bäh und kreisch.Tatsächlich gibt es ein kleines Problem, weil Oliver jetzt beide Mansardenzimmer bewohnt, eines ist einfach zu klein, um dauerhaft darin zu leben. Das heißt, nicht wirklich dauerhaft, aber eben doch für eine Weile. Ich habe daran gedacht, Melanie unser Schlafzimmer anzubieten, wenn sie uns besucht, aber das war Werner nicht recht, und Melanie auch nicht, sie will bei uns nicht »kampieren«, wie sie sich ausdrückt, sondern ihr eigenes Zimmer haben wie ehedem. Nun überlege ich, ob wir ihr das Esszimmer abtreten könnten. Eigentlich ist es ja nur ein sehr kleiner Raum, aber immerhin, sie wären dort für sich. Den Esstisch müssten wir halt irgendwie ins Wohnzimmer quetschen. Vielleicht schaffen wir auch einen neuen an, ich finde den jetzigen ohnedies reichlich schäbig.
Ja, die Rindsrouladen waren ein Erfolg, allerdings bloß bei Werner und mir, Oliver konnte nicht mit uns essen, ein Geschäftsfreund hat ihn verschleppt, und er ist erst um drei in der Früh heimgekommen. Ich wüsste die Zeit nicht, wenn ihm nicht die Eingangstür aus der Hand gerutscht und zugeknallt wäre.
Vielleicht sollte ich es aufgeben, Kilos abwerfen zu wollen, und lieber neue Klamotten kaufen? Habe allerdings zum Shoppen derzeit keine Zeit, weil Oliver Berge von Schmutz- und Bügelwäsche mitgebracht hat, die aussehen, als würde es Jahrhunderte brauchen, um sie abzutragen. Ist es möglich, dass er seit seinem Auszug immer nur neue Wäsche angezogen, aber fünf

Jahre hindurch nie etwas gewaschen oder gebügelt hat? Oder wirft er einfach alle zehn Minuten ein frisches Hemd über? Bin noch nicht dahintergekommen.

Gruß

Liesl

Betreff: Revierkämpfe

Ach Edith,

ich fürchte, Werner wird ein bisschen engstirnig auf seine alten Tage. Ich habe mir vorgestellt, er wird sich ebenso freuen wie ich, dass Oliver wieder zu Hause lebt, und sie werden intensive Vater-Sohn-Gespräche führen und gemeinsam Sport schauen. Leider klappt nicht einmal Letzteres. Keine Gemeinsamkeit, was die Sportarten anlangt. Werner: Fußball. Oliver: Tennis. Werner: Autorennen. Oliver: Boxen. Nicht mal der Winter wird Besserung bringen. Denn: Werner Schizirkus, Oliver hingegen Eishockey. (Hat sich gestern bei einem kleinen Streitgespräch herausgestellt).

Nun könnte man ja damit argumentieren, dass Fußball und Boxen nicht unbedingt gleichzeitig übertragen werden, abgesehen davon, dass wir mehr als einen Fernseher besitzen, aber was in Wirklichkeit stattfindet, ist ein Territorialkampf. Das ältere Männchen markiert sein Revier Wohnzimmer, indem es dort bei Fußballübertragungen den Ton auf Schallmauerdurchbruch dreht, während das jüngere Männchen Machtansprüche daraus ableitet, dass die im Raum befindlichen elektronischen Geräte von ihm beigesteuert wurden.

Oliver hat nämlich nicht nur seine Musikanlage, sondern auch seinen Großbild-Flatscreen-High-Tech-was-weiß-ich-noch-Fernseher im Wohnzimmer aufgebaut, was ich ja sehr sozial finde, während Werner behauptet, dass es sich dabei um

einen Eroberungsfeldzug handelt. Oliver solle sich gefälligst mit der Mansarde zufriedengeben. Und um den Großbild-Dingsda habe er nicht gebeten, unser alter Fernseher hätte seinen Bedürfnissen durchaus genügt.
Dicke Luft also. Ich leide, aber das interessiert niemanden.
Überhaupt mäkelt Werner an Oliver nur herum. Es stört ihn alles, Olivers Nachtleben, seine Musik, dass er sein schmutziges Geschirr nicht in den Geschirrspüler räumt, dass er nicht auf die Idee kommt, Lebensmittel auch mal einzukaufen, statt den Kühlschrank bloß leer zu essen … Und so weiter.
Mein Gott! Er war doch auch mal jung! Kann er denn nicht ein bisschen mehr Verständnis aufbringen für einen Menschen, der eh noch früh genug erwachsen werden muss?

Deprimiert,
Liesl

Betreff: erwachsen

Okay, Edith,

Oliver ist 37 und kein Teenager mehr, und, zugegeben, Werner war in Olivers Alter schon zweifacher Familienvater und hat sich in dieser Eigenschaft sehr verantwortungsbewusst verhalten, bis heute. Aber was soll's? Was für den einen passt, muss doch nicht auch für den anderen stimmen! Heutzutage bleiben die Menschen eben länger jung, auch in ihrem Verhalten, ein soziologisches Phänomen, kannst du überall nachlesen. Oliver ist halt noch nicht so weit. Soll ich ihm neidig sein, weil er sein Leben genießt?
Bei Werner habe ich den Eindruck, er ist eifersüchtig. Gestern zum Beispiel war er stinksauer, weil ich nicht mit ihm ins Kino gehen wollte. Aber ich hatte Oliver nun mal versprochen, mir seine Buchhaltung anzusehen und Ordnung hineinzubringen,

schließlich kenne ich mich damit aus. Er selber kommt ja doch nicht dazu, außerdem ist er mehr der kreative Typ, dem sowas nicht liegt.
Werner ging dann allein ins Kino und kam eher spät zurück, das war mir natürlich auch nicht recht. Ich habe nichts gesagt, aber ich finde es ziemlich unfair, dass er seinen Groll auf Oliver an mir abreagiert.

Leicht vergrämt,
deine Liesl

Betreff: Gartenparty

… bin etwas daneben, weil unausgeschlafen. Oliver brachte gestern spät abends ein paar Freunde mit, wir lagen schon im Bett. Die jungen Leute setzten sich in den Garten, es war ja eine wunderbar laue Nacht, und tranken und redeten und lachten, nicht besonders laut, meine ich, aber der Schall im Freien trägt gut, und – kurzum: Wir wachten auf und kriegten kein Auge mehr zu. Ich hielt Werner mit Mühe davon ab, »Ruhe!« zu brüllen, das besorgten etwas später dann ein paar Nachbarn, was die jungen Leute erst recht zu lautem Gelächter anspornte. Ziemlich ungemütlich, das Ganze.
Oliver sagte heute Nachmittag, nachdem er aufgestanden war, er habe vergessen, in was für einem spießigen und kleinkarierten Umfeld wir leben, und es wundere ihn, dass wir das aushielten. Werner sagte, er hätte auch lieber eine Villa mit Park, aber leider sei er blöd genug gewesen, sein Geld in zwei Kinder zu investieren. Darauf Oliver, und das fand ich denn nun auch etwas vorlaut, die *wirklich* Erfolgreichen hätten Kinder *und* Villen. Ich erwartete, dass Werner einen Tobsuchtsanfall kriegen würde, aber er antwortete nur: Na, Gratulation, du hast keins von beiden, was schließt du daraus?, und ging.

Oliver natürlich tiefgekränkt. »Ich ziehe aus, das habe ich nicht nötig, ich muss mich nicht heruntermachen lassen wie ein Schulbub …!« Mit Mühe habe ich ihn beschwichtigt, dann ging ich in den Garten und sammelte schnell die schmutzigen Gläser, die leeren Weinflaschen und die Zigarettenkippen ein, ehe Werner sie entdecken konnte.

Abends Unterhaltung mit Werner, unter vier Augen, was nicht schwer war, weil Oliver ohnehin schon wieder einen Termin außer Haus hatte. Ich versuchte ihm klar zu machen, dass Oliver als Freischaffender nicht wie ein Beamter um sechs aufstehen und um elf ins Bett fallen kann. Werner verlegte sich dann eigensinnig aufs Rechnen und fragte, wieso einer, der einen BMWZ4 Roadster fährt, nicht mal einen einzigen Cent zum Haushaltsbudget beitragen kann. Wie sich herausstellte, hat er dieselbe Frage auch schon an Oliver gerichtet, worauf Oliver wissen wollte, ob er künftig auf dem Dreirad zu seinen Meetings strampeln solle.

So sind sie, die zwei. Nicht bereit, vernünftig zu kommunizieren. Mir ist eingefallen, dass sie schon immer eine Neigung hatten, sich eher auseinander- als zusammenzureden, und dass das einer der Gründe war, warum ich seinerzeit nach Olivers Auszug manchmal fast ein Gefühl der Erleichterung empfand. Ob Mediation eine Lösung wäre?

Ratlos,
deine Liesl

Betreff: Schon wieder Gartenparty

… das Wochenende hatte es in sich. Werner und ich hatten ein paar Leute eingeladen, darunter auch die Brauns, das sind die Nachbarn, die neulich so empört waren über die nächtliche Ruhestörung. Ich dachte, das würde sie besänftigen, vor allem, wenn sie Oliver kennenlernen und er seinen Charme spielen lässt. Oliver war aber sofort auf hundertachtzig, ich hätte es voraussehen müssen. Mit diesen Troglodyten wolle er nix zu tun haben, und überhaupt, wie käme er dazu, dass die sich in seinem Zuhause breit machen? Und warum wir ihm nicht früher gesagt hätten, dass wir einen Almauftrieb planen, dann hätte er sich mit Freunden verabredet, statt sich auf ein gemütliches Weekend mit uns einzustellen.

Erst hat es mir leid getan, du weißt, wie lange ich mir ein gemütliches Weekend mit ihm schon wünsche, aber dann fand ich es doch etwas eigenartig, dass er es ausgerechnet in dem Moment vorhat, in dem ich ihm sage, dass wir Gäste kriegen. Und so habe ich zurückgefragt, warum *er* uns nicht rechtzeitig informiert hat über seine Absichten. Daraufhin ist er beleidigt abgerauscht, nach einem Anruf bei einer gewissen Nicole.

Bevor er ging, sagte ich: Na, bitte, jetzt hast du dir ja doch noch was anderes ausmachen können, anscheinend hat diese Nicole eh gewartet, bis du sie anrufst! Und er, erbittert: Richtig, darauf wartet die immer, aber wenn das kein Notfall gewesen wäre, hätte sie lange warten können!

Ich gebe zu, dass mir diese Aussage nicht wahnsinnig sympathisch war, irgendwie, Mutterliebe hin oder her.

Aber dann ging's erst richtig los, denn mit den Gästen kreuzte überraschend auch Melanie mit ihren Kindern bei uns auf, und die Kinder waren gereizt und Melanie ebenfalls … Nein, falsch. Der Kleine, Dominik, war bloß übernächtigt und erschöpft, weil er zahnt, und deswegen war Melanie gereizt. Celia hingegen war bester Laune und rannte kreischend durch den Garten und die Gästeschar, bis sie den Grill umwarf, was Werner angeblich hatte kommen sehen. Frau Braun blickte irritiert an ihrem Outfit hinunter, das infolge einer Kollision mit Celia colafleckig war. Meiner Meinung nach konnte der trostlose Grünton ihres Rocks die Flecken gut verkraften, doch sie sah das offenbar anders.

Linda (Werners Cousine, du hast sie mal bei uns getroffen) fragte Melanie, wo Robert sei, was Melanie Gelegenheit bot, ihr Los als Wochenendwitwe eines Workaholic zu beklagen. Linda hörte sich's an und sagte dann launig: »Du musst du die Kinder einmal ein paar Tage hier abladen und deinen Mann in ein Romantikhotel entführen! Das täte euch beiden sicher gut!«

Worauf Melanie erklärte, davon sei sie auch überzeugt, aber leider, mit einer berufstätigen Großmutter (vorwurfsvoller Blick auf mich) in der Familie sei man als junge Mutter ziemlich aufgeschmissen.

Ich spielte mit dem Gedanken, Linda etwas Eiswasser ins Rückendekolletee zu kippen, ließ es aber dann bleiben, schließlich war ich die Gastgeberin.

Weil es in unserem ehemaligen Esszimmer ein wenig eng ist und weil Melanie dringend Erholung brauchte, schliefen Celia und Dominik anschließend bei Werner und mir. Das heißt, *schliefen* ist ein klein wenig schönfärberisch ausgedrückt. Ich wanderte die halbe Nacht mit dem greinenden Dominik auf und ab und Celia wollte von ihrem Opi noch eine und noch eine Einschlafgeschichte vorgelesen kriegen. Als die zwei endlich weggedüselt waren, kam Oliver heim, und wieder einmal rutschte ihm die Eingangstür aus der Hand. Den Rest erspar ich dir.

Am Sonntag Abend, ich war so halbwegs fertig mit dem Aufräumen nach der Invasion, machte Werner doch glatt Anstalten, sich neuerlich solo ins Kino zu verdrücken. Na, ich aber! Sofort Einspruch und mitgegangen! Nach dem Film saßen wir bei einem sehr netten Italiener, tranken Chianti und hatten es so lustig wie schon lange nicht.

Als wir später daheim zur Tür reinmarschierten, wartete Oliver mit strafendem Gesicht. Er sah aus wie mein Vater. Der war, wie du weißt, auch sehr streng und ließ mich ungern ausgehen. »Mama«, sagte Oliver vorwurfsvoll. »ich habe dir ein paar Hemden hingelegt, an denen fehlen Knöpfe – hast du die übersehen?«
Ja, was denn, hab ich die wirklich übersehen?

Rätselnd,
deine Liesl

Betreff: Mediation und so

… habe Werner die Mediationsidee unterbreitet. Er war nicht dafür zu gewinnen. Was ich mir vorstellte? Dass er Oliver um Nachsicht bitten wird, weil er es wagt, in seinem eigenen Haus anwesend zu sein und darin auch noch zu atmen? Er brauche keine professionellen Beschwichtigungshofräte, sondern einen Sohn, für den Rücksichtnahme kein Fremdwort sei. Basta. Anscheinend sind Werners Vorstellungen vom Wesen der Mediation nicht ganz korrekt, aber ich hatte wenig Lust, ihn zu belehren. Dir gesagt verstehe ich ja selber nicht so viel vom Wesen der Mediation.
Jedenfalls hab ich daraufhin meine anderen Überlegungen gleich für mich behalten. Sie betreffen Melanie und das ehemalige Esszimmer (Esskammer wäre passender). Darin ist definitiv zu wenig Platz für vier (Robert soll ja auch übernachten können, wenn er doch einmal mitkommt). Also dachte ich daran, ihnen unser Schlafzimmer ganz abzutreten und mit Werner in den kleineren Raum zu übersiedeln. Ich befürchte jedoch, ich werde Werner nicht dazu kriegen, in einem Stockbett zu schlafen. Komischerweise erleichtert mich das.
Bis bald, Liesl

Betreff:

Liebe Edith,

entschuldige, dass ich jetzt erst antworte, aber Oliver hat die letzten Tage hindurch meinen Laptop gebraucht. Nicht, dass er groß gefragt hätte. Er hat ihn sich einfach geschnappt, und schon war mein Laptop mit ihm unterwegs. Weil Oliver nachts ja eher spät heimkommt und ich ihn morgens nicht wecken will, hatte ich keine Chance, dir eine Mail zu schicken. Im Büro war wie immer irrsinnig viel zu tun, da komme ich schon gar nicht zum Schreiben. (Wie das halt so ist mit einem Teilzeitjob: Du machst nahezu die ganze Arbeit in der halben Zeit.)

Aber jetzt bin ich wieder da, wenngleich nicht mit der besten aller Launen. Weil: Unsere alte Waschmaschine hat den Geist aufgegeben, und heute sollte die neue geliefert werden, vormittags zwischen neun und zwölf. Um diese Zeit bin ich im Büro, also habe ich Oliver gebeten, ausnahmsweise einmal zeitiger aufzustehen und das Ding in Empfang zu nehmen. Ich brauche es wirklich dringend! Doch als ich nach Hause kam: keine Spur von einer Waschmaschine!

Es stellte sich dann heraus, dass Oliver verschlafen hatte. Die Männer, die die Maschine lieferten, klingelten Sturm, aber Oliver hörte nichts. Stell dir das vor!

Nun kann das Ding erst in fünf Tagen wieder gebracht werden, und außerdem zahlen wir zweimal Liefergebühren.

Oliver tat meine Vorhaltungen als ungerecht ab. Ich wüsste eben nicht, wie das sei, wenn man bis zum Morgengrauen an einem neuen Konzept für eine wichtige Werbekampagne tüftle und danach erschöpft und ausgelaugt ins Bett sinke.

Natürlich nicht, woher soll ich wissen, was Erschöpfung ist, ich hatte ja nie was anderes zu tun, als ins Büro zu gehen, einen Haushalt zu führen, zwei Kinder großzuziehen, eine Schwiegermutter zu pflegen und einen Zoo mit wechselnden Insas-

sen zu versorgen (meine Kinder waren, wie du weißt, sehr tierlieb).
Ich hatte mich noch nicht abgeregt, als Viola anrief. Ich sagte ihr, Oliver sei schon wieder weg, aber sie wollte gar nicht mit ihm reden, sie wollte nur wissen, wann er endlich das alte Regal abzuholen gedenke, das noch immer ihre Küche verschandle. Diese Undankbarkeit!
Vielleicht kann ich es Oliver gar nicht übel nehmen, dass er so ist, wie er ist, Viola hatte vermutlich keinen guten Einfluss auf ihn. Wie lange es wohl dauert, bis der vergeht und Oliver wieder der liebe, hilfsbereite Sohn von ehedem ist?

Betreff: Richtigstellung

Liebe Edith,

es scheint, dass du irgendeinen Narren an Viola gefressen hast, weil du sie dauernd in Schutz nimmst, aber ich verstehe ehrlich nicht, warum sie dir so sympathisch ist. Natürlich ist Oliver volljährig und für sein Benehmen verantwortlich, bis zu einem gewissen Grad jedenfalls, aber auch ohne Viola zu *dämonisieren*, wie du schreibst, bleibt es ein Fakt, dass sie sehr bestimmend ist und notfalls über Leichen geht. Das muss auf Oliver abgefärbt haben, er war schon immer leicht beeindruckbar. Nicht dass er jemals über Leichen ginge, aber einen raueren Umgangston hat er sich im Zusammenleben mit Viola sicherlich angewöhnt. Notgedrungen. Und, jawohl, er war ein hilfsbereiter Knabe, dazu stehe ich, bloß in Haushaltsdingen war er nie sehr geschickt, dafür kann er nichts. Du tust ja gerade so, als hätte er die zwei Geschirrspüler absichtlich ruiniert.

Liesl

Betreff: Urlaubsfreuden

… Werner und ich waren ein paar Tage in Italien, was wunderschön und erholsam gewesen wäre, wenn nicht die Kinder abwechselnd angerufen und sich übereinander beschwert hätten. Oliver hatte anscheinend Besuch von einer Freundin, die sich durch Dominik und Celia gestört fühlte, was wiederum Melanie erboste. Außerdem stritten sie darüber, wann wer von ihnen wo im Haus und im Garten sein dürfe, und dazwischen riefen sie mich an und zur Schiedsrichterin auf. Werner nahm mir schließlich mein Handy weg, bellte ein Machtwort hinein und stellte es ab. Ich protestierte nicht. Der letzte Urlaubstag verlief dann noch sehr entspannt und angenehm …

Betreff: Gloria

… heute nur ein kurzes Lebenszeichen. Habe Gloria getroffen, ich weiß nicht, ob du dich erinnerst, so eine Große, Dünne aus der Parallelklasse. Dünn ist sie nimmer und besonders groß eigentlich auch nicht, nach heutigen Maßstäben, aber ich habe sie gleich erkannt, im Gesicht hat sie sich recht gut gehalten. Wir haben ein bisschen getratscht, dabei stellte sich heraus, dass sie ganz allein lebt, das heißt, sie hat einen Freund, aber mit eigener Wohnung, und ihre Kinder sind auf zwei Kontinente verteilt, eine Tochter arbeitet in Hongkong, die andere in Kapstadt. Sie hat mir schrecklich leid getan, obwohl sie natürlich tapfer versichert hat, dass es ihr nichts ausmacht.
Dann hastiger Abschied, sie wollte ins Konzert, ich musste noch einkaufen und Olivers Anzüge aus der Putzerei holen. Wir haben ausgemacht, uns wieder zu verabreden, aber wie in solchen Fällen üblich wird es wohl bei der guten Absicht bleiben.

Schreib mir, wie es in Dubrovnik war!

Deine Liesl

Betreff: Belebte Bude

… ist das dein Ernst? Warum sollte Gloria *mich* bedauern??? Gut, zugegeben, Konzert ist lustiger als Supermarkt und Putzerei, aber trotzdem: Sie lebt *ohne Familie!!!*

Bei uns ist Leben in der Bude, Melanie hat sich Lindas Ratschlag zu Herzen genommen und ist mit Robert nach Mauritius geflogen, die Kinder sind einstweilen bei uns. Dadurch, dass Werner jetzt in Altersteilzeit ist, kann er sich um die zwei kümmern, während ich im Büro bin. Sobald ich heimkomme, ist Schichtwechsel.

Als wir aus Italien zurückgekehrt sind, haben wir übrigens festgestellt, dass Melanie sich mittlerweile doch recht häuslich in unserem Schlafzimmer niedergelassen hat. Seufz. Ich merke erst jetzt, wie gemütlich es vorher darin war.

Werner und Oliver streiten leider nach wie vor. Ich frage mich, wie ich Oliver begreiflich machen kann, dass wir ernsthaft das Bedürfnis haben, die neuen Zeitschriften zu lesen, ehe er sie in irgendwelche entlegenen Ecken schmeißt, und dass es keine Schikane ist, wenn wir auf dem Couchtisch freie Abstellflächen für uns fordern. Oder findest du das auch kleinlich?

Habe übrigens beschlossen, mit Werner in ein schönes Konzert zu gehen, sobald Melanie zurück ist und die Kinder geholt hat.

Alles Liebe
Liesl

Betreff: Paradies

Oh, Edith,

etwas ungemein Merkwürdiges ist passiert. Wir waren eine Woche allein im Haus, Werner und ich. Oliver war berufsbedingt in Berlin, Melanie mit den Kindern bei Roberts Eltern.

Niemand da außer uns. Morgens eine aufgeräumte Küche. Keine Reste von Midnight-Snacks auf dem Esstisch. Lächerlich wenig Schmutzwäsche. Keine verirrten Gläser, T-Shirts und Gürtel unterm Couchtisch und hinterm Sofa. Stille. Wir sahen im Fernsehen, was wir wollten. Wir spielten Schach und hörten Vivaldi. Die Handtücher hingen an ihrem Platz. Im Kühlschrank ein bisschen Halbfettmilch, ein paar Eier und ein wenig Butter, und niemand warf mit anklagenden Blicken nach mir, weil ich keine fünf Sorten Käse eingekauft hatte und in einem Buch las, statt Hemdknöpfe anzunähen. Kleine Freuden – aber trotzdem. Ich saß mit Werner in unserem Wohnzimmer, wir schmökerten vor uns hin, und plötzlich überfiel mich der Gedanke: Das ist ja paradiesisch.
Werner muss es wohl ähnlich gegangen sein, denn fast im selben Moment hob er den Kopf, sah mich über seine Lesebrille hinweg an und sagte: Das könnten wir immer haben.
Glaubst du, wir sind Rabeneltern?

Besorgt,
deine Liesl

Betreff: Misstöne

… hatten wir für Samstag Abend endlich Konzertkarten. Die Philharmoniker mit Mozart und Haydn, so richtig schön klassisch, wir freuten uns sehr. Mittags brachte uns Melanie die Kinder vorbei, überraschend, und war ein wenig pikiert, als wir ihr sagten, sie müsse sie bis spätestens sechs abholen. Um halb sechs war ich ausgehfein, aber Celia wischte ihre Schokofinger in meinen Rock. Kaum war ich umgezogen, plärrte Dominik los, nachdem er vergeblich versucht hatte, Celia eine Stoffgiraffe zu entreißen. Ich nahm ihn auf den Arm, er heulte sabbernd und rotzend an meiner Schulter, was meinem

Top ziemlich schlecht bekam. (Immer wieder staune ich, welche Menge an schleimigen Sekreten ein so kleines Kind absondern kann. Wahrscheinlich fehlt es mir an Großmutterstolz, weil ich dieser rekordverdächtigen Leistung nur wenig abgewinne.)

Ich wechselte mein Top, und Werner sagte: In der anderen Bluse hast du viel jünger ausgesehen. Nennt ein Top eine *Bluse*, aber gibt modische Urteile ab!

Um halb sieben war Melanie noch immer nicht da und auch telefonisch nicht erreichbar. Wir verdonnerten Oliver (der gerade »frühstückte«) dazu, die Kinder zu sitten, bis Melanie käme. Er protestierte, sah die Wichtigkeit unseres Vorhabens nicht ein (ein stinklangweiliges Klassik-Konzert!), fügte sich aber schließlich doch, weil wir einfach das Haus verließen. Das heißt, Werner zog mich zur Tür hinaus.

In der Konzertpause und auch nachher hinderte mich Werner, daheim anzurufen. Stattdessen gingen wir mit Max und Ingrid, die wir zufällig im Konzerthaus trafen, was trinken.

Was soll ich dir sagen! Riesenkrise, als wir nach Hause kamen! Oliver stinkwütend in einem verwüsteten Wohnzimmer, die schlafenden Kleinen angezogen auf der Couch, die Küche ein Schlachtfeld, weil Oliver versucht hatte, kindgerechte Mahlzeiten zu erzeugen.

Folgendes stellte sich heraus: Melanie hatte angerufen, sie und Robert hätten sich spontan entschlossen, eine Einladung anzunehmen. Oliver möge Celia und Dominik hüten, bis wir aus dem Konzert kämen, was spätestens um neun der Fall sein müsse, und uns bestellen, dass die Kinder bei uns über Nacht bleiben sollten.

Und jetzt! Kein Verlass auf uns! Sonst liegen wir bei Anbruch der Dämmerung im Bett, aber ausgerechnet heute müssen wir bis Mitternacht sonstwo herumhängen! Die Oldies stürzen

sich ins Nachtleben! Und stellen nicht einmal ihr Handy an! Hat man Worte!
Weißt du, das fand ich denn doch einigermaßen verblüffend. Oliver war nicht etwa sauer auf Melanie, sondern auf uns. Und Melanie findet ebenfalls, dass *wir* versagt hätten. In geschwisterlicher Einmütigkeit verurteilen sie uns, weil wir es gewagt haben, an einem Samstagabend bis Mitternacht auszubleiben, ohne sie um Erlaubnis zu fragen. Normalerweise bin ich ja glücklich, wenn sie, selten genug, harmonieren, aber diesmal will keine rechte Freude in mir aufkommen.
Natürlich hatte ich Schuldgefühle wegen der Kleinen, als ich sah, wie sie mit verschmierten Gesichtern im Wohnzimmer eingeschlafen waren, aus Erschöpfung vermutlich, doch Werner wies energisch darauf hin, dass, verdammt noch mal, Melanie sich selber verantwortlich fühlen soll für ihre Kinder. Und da hat er irgendwie recht, oder?

Deine pflichtvergessene Liesl

PS: Ehe wir schlafen gingen, sagte Werner: Ich sage dir, *so* werden wir es immer haben! Wenn wir nichts dagegen *tun*! Jetzt denke ich nach, was er mit *tun* meint.

Betreff: Alles neu

… sagten wir es den Kindern. Du wirst es nicht glauben, aber sie waren empört! Wir schenken ihnen ein Haus, und sie betrachten das als Zumutung! Oliver sagte, er würde die Betriebskosten keinesfalls übernehmen, ein spießiges Reihenhaus in einer spießigen Gegend sei das Letzte, wofür er Geld ausgeben wolle. Melanie wiederum erklärte, sie hätte grundsätzlich nichts dagegen, dass wir uns eine Stadtwohnung zulegten, aber warum nicht eine in Barcelona oder Paris? Dort würde sie uns

gerne besuchen. Hier hingegen, in ihrer Heimatstadt, wo sie eh schon eine Wohnung habe, sei das Ganze doch witzlos.
Werner blieb sehr freundlich. Richtig, sie habe schon eine Wohnung, und deswegen hätten wir auch nicht für sie eine gemietet, sondern für uns. Und genau das sei der Sinn des Unternehmens: Wir wollten endlich ein *eigenes* Domizil, wie erwachsene Menschen. Was das Haus angehe, so könnten sie es entweder erhalten oder verkaufen, uns sei es gleich.
Natürlich wollten sie sich damit nicht zufriedengeben, Oliver klagte, wenn sie das Haus verkauften, würde er sich von seiner Hälfte kaum eine Wohnung nach seinem Geschmack leisten können, Melanie schrie, sie habe einem Verkauf überhaupt nicht zugestimmt … Genug, keine weiteren schmutzigen Details. Werner drehte sich schließlich um und zog mich mit sich. Melanie rief uns hinterher: Ihr geht einem einsamen Alter entgegen, wollt ihr das wirklich? Um euch wird sich niemand kümmern!
Lass sie, sagte Werner, vielleicht kommt sie ja noch einmal auf die Idee zu googeln, was *sich kümmern* heißt.
Wir fuhren in unsere neue Wohnung. Noch ist sie nicht eingerichtet, aber wir mögen sie schon jetzt. Wir ließen uns einfach auf dem Parkett nieder, öffneten den Beaujolais, den wir unterwegs erstanden hatten, samt zwei Gläsern, stießen miteinander an und sahen uns glücklich in den leeren Räumen um. Ich fühlte mich wie damals, als ich, du weißt schon, in dieses sogenannte Atelier gezogen war, wo mir niemand mehr das Plattenhören verbieten und abends das Licht abdrehen konnte.
Werner ist dafür, den Kindern unsere neue Adresse nicht zu verraten. Ich finde aber, es genügt, wenn sie keine Wohnungsschlüssel bekommen.

Liebe Grüße,
deine Liesl

Schleimspur

Tante Evi kommt zu Besuch. Tante Evi wollte allerdings noch nie Tante genannt werden, diese Anrede ist was für spießige Weiber in mittleren Jahren. (Tante) Evi besteht darauf, flott und ewig jung zu sein. Sie hat viel Verständnis für die Herwanwachsenden, mit denen sie sich besser identifizieren kann als mit der rigiden Elterngeneration. Rigid ist für (Tante) Evi praktisch ein Synonym für Eltern, insbesondere für Mütter.

(Tante) Evi *(zu Mimi, der jugendlichen Tochter des Hauses)*: Na, du – immer flott unterwegs?

Mimi Geht so.

(Tante) Evi Was heißt das? Keine Feten angesagt?

Mimi Schon, aber –

(Tante) Evi Was heißt *schon, aber* …? In deinem Alter muss man auf den Putz hauen.

Mimi Find ich auch.

Mutter Sie sollte was lernen. Sie hat eine Nachprüfung.

(Tante) Evi Du armes, armes Schwein! So eine Gemeinheit!

Mutter Naja, wie man's nimmt. Wer das Jahr über auf der faulen Haut –

(Tante) Evi Geh bitte! Unser Schulsystem ist doch total beknackt. Wenn ich Kinder hätte – ich weiß nicht, ob ich sie diesem System aussetzen würde.

Mutter Was würdest du tun? Sie selber unterrichten?

(Tante) Evi Keine Ahnung. Ich würde sie jedenfalls nicht kaputt machen lassen.

Mutter Also bei aller Kritik an der Schule – ich finde nicht, dass Mimi kaputt –

Mimi Na klar. Du musst dir ja auch nicht die Ferien versauen lassen von einer sadistischen Spanischlehrerin.

Mutter Nein, nur von einer Tochter, die das ganze Schuljahr hindurch keine einzige Vokabel gelernt hat.

(Tante) Evi Bitte! Vokabeln lernen! Wenn ich das schon höre!

Mutter Sprachen bestehen aber aus Vokabeln. Oder?

(Tante) Evi Ach, was. Wer braucht denn eigentlich Spanisch?

Mutter Ein paar Millionen Spanier …?

(Tante) Evi Was ich meine, ist: Wer braucht denn heutzutage noch *Schulspanisch*? Sprachen lernt man am besten im Land. Warum fliegst du nicht einfach an die Costa del Sol, Mimi?

Mutter Sie war die letzten drei Sommer auf Sprachferien in Salamanca. Heuer wollte sie nicht.

Mimi Ja, weil die Typen dort total öde waren. Und dann waren wir bei irgendwelchen Familien am Arsch der Welt untergebracht. Glaubst du, ich flieg nach Spanien, damit ich meine Abende mit so einer blöden spanischen Familie am Arsch der Welt verplempere?

Mutter Nein, sondern damit du Spanisch sprichst.

(Tante) Evi Warum schickst du sie nicht nach Marbella? Dort spricht man auch Spanisch und es ist was los.

Mutter Wo soll sie wohnen? Auf deiner Jacht?

(Tante) Evi In Marbella gibt es auch Hotels.

Mutter Ja, und sie kosten ein Vermögen. Abgesehen davon, dass ich eine Fünfzehnjährige nicht allein nach Marbella schicken würde.

(Tante) Evi Vertraust du ihr nicht?

Mutter Vielleicht vertraue ich den Jachtbesitzern nicht.

Mimi Du bist sowas von provinzlerisch!

(Tante) Evi Hör mal, in ihrem Alter bin ich per Autostopp nach Neapel –

Mutter Du warst einundzwanzig, und das Auto, das du gestoppt hast, hat deinem Freund gehört.

Mimi Die halbe Klasse fährt seit Jahren mit Interrail durch die Welt, aber du machst dir ins Hemd, wenn ich sage, ich fliege mit der Kathi für drei läppische Tage nach New York.

Mutter Das entscheidende Wort heißt *fliegen*. Wenn ihr per Interrail hinfahrt, sage ich vielleicht Ja.

Mimi Mit Interrail kommt man nicht nach New York!

Mutter So ein Pech.

(Tante) Evi Aber du könntest mit dem Zug nach Spanien …

Mimi Bist du schon mal in einem spanischen Zug gesessen? Ich will doch meine Ferien nicht auf grindigen Bahnhöfen verbringen. Das macht doch niemand, außer ein paar abgefuckten Freaks.

Mutter *(zu Tante Evi)*: Siehst du. Nicht so einfach.

(Tante) Evi Naja, Zugfahren ist ja wirklich nicht so lustig. Aber es gibt doch sicher günstige Last-Minute-Flüge.

Mimi Ja. Eh. Nur: Uns ist alles zu teuer.

Mutter Alles nicht. Die Karibik.

Mimi Und Kalifornien.

Mutter Richtig.

Mimi Ich bin die Einzige in der Klasse, die noch nie in Kalifornien war!

(Tante) Evi Ehrlich? Du kennst L.A. nicht? Was ist mit San Francisco?

Mimi Aus'm Fernsehen.

(Tante) Evi Also, nicht in Kalifornien gewesen zu sein ist heutzutage wirklich eine Bildungslücke.

Mutter *(zu Tante Evi)*: Du meinst das ernst, stimmt's?

(Tante) Evi schaut verständnislos.

Mimi *(zur Mutter)*: Pias Eltern haben sogar ein Strandhaus in Venice Beach gemietet! Wenn du dich mit ihnen angefreundet hättest, hätten sie mich vielleicht mitgenommen. Aber du tust ja nie was für mich.

Mutter Sagst du nicht immer, Pia ist eine blöde Kuh?

Mimi Na und?

(Tante) Evi Streitet nicht. Das bringt's nicht. *(Zu Mimi)* Ich weiß, Mütter nerven. Willst du eine Zigarette?

Mimi Ja, cool.

Mutter Hör mal, ich bin dagegen, dass sie raucht. Musst du das auch noch unterstützen?

(Tante) Evi *(kichernd)*: Du bist so genussfeindlich. Warst du nie jung?

Mimi und Tante Evi rauchen.

(Tante) Evi *(zu Mimi)*: Sag mal, das hört sich ja an, als hättest du gar nix von deinen Ferien –

Mimi Stimmt.

Mutter Wir waren bloß auf Korsika.

Mimi Und dafür darf ich jetzt wochenlang Spanisch strebern.

(Tante) Evi Weißt du was? Ich hab's! Du kommst für ein paar Tage zu uns an den See. Da schmeißen wir uns jede Nacht ins Getümmel. Na, ist das ein Vorschlag?

(Tante) Evi geht, stolz, weil sie sich wieder einmal als Auskennerin geoutet hat.

Mimi *(zu ihrer Mutter)*: Hat sie das ernst gemeint? Falls ja, kannst du das *bitte* abbiegen? Ich bin doch nicht wahnsinnig und häng mit zwei Oldies in irgendwelchen Dorfdiscos rum!

Socken wegräumen

Mutter Komm, räum deine schmutzigen Socken da weg.

Kind Ja, gleich.

Mutter Nicht »gleich«. *Gleich.*

Kind Ja, gleich.

Nach einer halben Stunde:

Mutter Könntest du – bitte! – deine schmutzigen Socken da wegräumen?

Kind Ja, gleich.

Mutter Nein, sofort!

Kind Ja, eh *sofort.*

Nach einer Stunde:

Mutter Ja, Himmelherrgott, jetzt liegen diese Drecksocken noch immer da!

Kind Warum schreist du so?

Mutter Deine Socken!

Kind Schrei mich doch nicht an! Dauernd schreist du mit mir.

Mutter Tu sie weg!

Kind Wen?

Mutter Deine Socken!

Kind Was für Socken?

Mutter Hier! Vor deiner Nase! Unter dem Esstisch! Es wird dich überraschen, aber ich habe diese spießbürgerliche Vorstellung, dass dreckige Socken nicht unter Esstische gehören.

Kind Jetzt raste doch nicht schon wieder aus! Immer rastest du gleich aus.

Mutter Ich bin ganz ruhig. *Tu sie jetzt weg!*

Kind Warum bist du schon wieder so aggressiv? Weißt du was? Ich glaube, du erträgst es nicht, wenn es einmal friedlich zugeht bei uns.

Mutter Ich ertrage deine *Schlamperei* nicht!

Kind Musst du mich so heruntermachen? Hasst du mich so oder was?

Mutter Ich hasse nicht dich, ich hasse deine Schlamperei!

Kind Hör mal, du sagst immer, ich war ein Wunschkind. Wozu hast du dir ein Kind gewünscht? Damit du es hassen kannst?

Mutter *(zischt)*: Ich habe mir ein Kind gewünscht, das seine stinkenden Socken zur Schmutzwäsche tut.

Kind Das hättest du dir nämlich früher überlegen müssen. Man kann nicht Kinder in die Welt setzen und sie dann ablehnen. Das heißt, man *kann* schon, aber es ist nicht anständig.

Mutter Findest du dein Benehmen *anständig*?

Kind »Findest du dein *Benehmen* anständig?« Du hörst dich an wie eine Mumie.

Mutter Nimm jetzt diese Socken weg und basta.

Kind Wieso kommandierst du mich herum? Das muss ich mir nicht gefallen lassen.

Mutter Ach, du musst dir nichts gefallen lassen? Und was ist mit mir?

Kind Wieso denkst du immer nur an dich? *Ihr* denkt immer nur an *euch*, aber *wir* sollen gefälligst ja nicht egoistisch sein.

Mutter Du findest es egoistisch, dass ich nicht unter den

Esstisch krieche, um deine Schmutzsocken aufzuheben?

Kind Warum können sie nicht liegen bleiben? Mich stören sie nicht. Nur weil sie dich stören, soll ich sie aufheben?

Mutter Nur weil sie dich *nicht* stören, sollen sie liegen bleiben?

Kind Du tust mir leid. Ich möchte nie so werden wie du. Ich möchte nie so werden, dass alles, was mich interessiert, ein Paar Socken ist.

Mutter Irrtum. Ich interessiere mich auch nicht für Socken. Deswegen sollst du sie ja wegräumen.

Kind Weißt du was? Ich glaube, du bist verbittert. Du bist verbittert, weil sich in deinem Leben nichts tut, außer dass ein paar Socken herumliegen. Und das lässt du jetzt an mir aus.

Mutter In meinem Leben würden sich die aufregendsten Dinge tun, wenn ich nicht ständig damit beschäftigt wäre, deine Socken einzusammeln.

Kind Hättest du mich doch weggegeben, wenn ich dir so sehr im Weg war! Ich weiß eh, dass ich dir immer nur im Weg war! Glaubst du, ich weiß das nicht?

Mutter Deine *Socken* sind mir im Weg. Was aber nicht sein müsste –

Kind Nie hast du dich um mich gekümmert!

Mutter Was verstehst du unter *kümmern*? Dass ich dir den Dienstboten mache?

Kind Sei ehrlich: Hast du jemals Zeit für mich gehabt?

Mutter Hab ich. Immer. Aber *du* willst doch ständig, dass ich dich in Ruhe lasse.

Kind Ja, weil du eine Glucke bist. In alles mischt du dich ein. Dauernd bist du da. Nichts traust du mir zu.

Mutter Naja, ich habe dir zugetraut, dass du deine Socken –

Kind Und dann machst du dich auch noch lustig über mich! Großartig! Großartige pädagogische Leistung!

Mutter Wieso verlangst du pädagogische Leistungen von mir? Du bist doch praktisch erwachsen, denke ich?

Kind Na und?

Mutter Pädagogik heißt »Kinderführung«.

Kind Ah, jetzt kommt die Nummer mit der Bildung!
Du bist ja so gebildet! Und ich bin ja so ungebildet!
Sag es ruhig: Ich bin ein Trottel.
Gleich wirst du mir vorhalten, dass ich die Matheschularbeit verhaut habe. Jawohl, ich habe sie verhaut. Und weißt du, warum? Weil du mich verunsicherst.

Mutter Gibt es irgend etwas, an dem ich nicht schuld bin? Die Klimaverschiebung vielleicht?

Kind Mit dir kann man nicht reden. Du verstehst mich nicht.

Mutter Ich weiß. Soll ich mich erdolchen oder vergiften?

Kind Du sollst mir sagen, wo ich frische Socken finde!
Da – die ganze Lade leer. Wieso wäschst du nie was?

Die Mutter steigt in die Waschmaschine und schleudert sich so lange, bis das Kind die Pubertät hinter sich hat.

Sohn am Telefon

Eine Mutter ruft ihren im Ausland lebenden Sohn an.

Mutter Na? Was gibt's Neues?
Sohn Was soll's schon geben?
Mutter Geht's dir gut?
Sohn Warum soll's mir nicht gut gehen?
Mutter Ich frag doch nur.

Pause.

Mutter Wieso meldest du dich denn nie?
Sohn Warum muss ich mich denn dauernd melden?
Mutter Nicht *dauernd*. Und ich habe auch nicht gesagt, du *musst*.
Sohn Warum beschwerst du dich dann?
Mutter Ich beschwere mich nicht. Ich finde nur, du könntest von Zeit zu Zeit ein Lebenszeichen geben.
Sohn Wieso? Wenn ich kein Lebenszeichen gebe, lebe ich. Wenn ich nicht lebe, erfahrt ihr's eh.
Mutter Jetzt mach aber einen Punkt! Sowas will ich nicht hören!
Sohn Wieso? Du sagst, du willst ein Lebenszeichen. Ich sage dir: Kein Lebenszeichen *ist* ein Lebenszeichen.
Mutter Ja, aber es geht doch nicht nur darum. Wir wollen doch auch wissen, was du so machst.
Sohn Was soll ich schon machen? Ich bin in der Firma. Ich spiele Tennis. Ich treff mich mit Frauen. Ich bin am Wochenende eingeladen.
Mutter Eben. Siehst du.

Sohn Was? Das ist doch urfad. Das interessiert doch keinen.

Mutter Doch. Deinen Vater und mich.

Sohn Warum?

Mutter Weil du unser Sohn bist.

Sohn Na und? Ich will ja auch nicht wissen, was ihr zu Mittag gegessen habt.

Mutter Du tust so, als könnten wir kein intelligentes Gespräch führen.

Sohn Das sage ich ja nicht. Aber … Also, ich finde, dieses ständige Reden bringt einfach nichts.

Mutter *Ständig* ist ja wohl ein bisschen übertrieben.

Sohn Ich bin einfach nicht so der gesprächige Typ, das weißt du doch.

Mutter Früher warst du sehr gesprächig.

Sohn Da war ich sechs.

Mutter Findest du, es ist *kindisch*, gesprächig zu sein?

Sohn Mama, was wird das? Psychoanalyse? Du hast keine Ausbildung, vergiss das nicht.

Mutter Redest du mit deinen Freundinnen eigentlich auch nichts?

Sohn Bist du jetzt eifersüchtig oder was?

Mutter Nein, aber es würde erklären, warum du keine davon lange hast.

Sohn Ich habe keine lange, weil ich keine für lange will. So einfach ist das.

Mutter Naja, wie du glaubst. Es geht dir also gut?

Sohn Es geht mir gut. Es ist überhaupt nichts los bei mir. Wenn du nichts von mir hörst, ist nichts los. Und weißt du was? Wenn was los ist, ruf ich schon an. Können wir uns darauf einigen?

Zwei Wochen später. Der Sohn ruft an.

Sohn Hallo, ich bin's.

Mutter Um Gottes willen, was ist passiert?

Sohn Was soll passiert sein?

Mutter Weil du anrufst.

Sohn Muss was passiert sein, damit ich anrufen darf?

Mutter Nein, aber du hast gesagt –

Sohn Wenn dich das so aufregt, dass ich anrufe, rufe ich lieber nicht an.

Mutter Nein, ich freu mich ja, dass du anrufst.

Sohn Hat sich aber nicht so angehört.

Mutter Entschuldige. Erzähl!

Sohn Was soll ich erzählen?

Mutter Was du so treibst.

Sohn Was soll ich schon treiben?

Mutter Alles in Ordnung?

Sohn Du klingst so komisch.

Mutter Nein, gar nicht.

Sohn Also, Mama, du willst immer, dass ich anrufe, und wenn ich es dann einmal tue, klingst du komisch.

Mutter Jetzt hör doch auf, ich klinge gar nicht komisch.

Sohn Warum bist du denn so gereizt?

Mutter Ich bin nicht gereizt. Geht's dir gut?

Sohn Warum soll's mir nicht gut gehen?

Mutter Ich frag doch nur. Hast du viel zu tun?

Sohn Naja, fürs Nichtstun zahlen mich die hier nicht.

Mutter Und privat?

Sohn Was meinst du?

Mutter Was machst du?

Sohn Mein Gott. Nichts.

Mutter Nichts?

Sohn Ich geh ins Fitnesscenter. Ich bin eingeladen. Ich treff mich mit Mädels.

Mutter Mit Mädels?

Sohn Soll ich mich mit Männern treffen?

Mutter Ich will doch nur wissen, ob du eine nette Freundin hast.

Sohn Ich hab immer nette Freundinnen. Die Freundinnen sind nett, ich bin der Schuft. Schon vergessen?

Mutter Wirst du sie mitbringen, wenn du das nächste Mal kommst?

Sohn Wen?

Mutter Deine Freundin.

Sohn Wozu?

Mutter Weil wir sie kennenlernen wollen.

Sohn Wozu?

Mutter Weil wir deine Eltern sind.

Sohn Richtig. Aber nicht die Eltern von meiner Freundin. Wer immer die sein wird, wenn ich das nächste Mal komme.

Mutter Warum bist du so?

Sohn Wie?

Mutter So … verschlossen.

Sohn Bin ich doch gar nicht.

Mutter Ich war immer nett zu deinen Freundinnen.

Sohn *Zu* nett.

Mutter Wie meinst du das?

Sohn Du adoptierst sie gleich. Und ich krieg sie dann nicht los.

Mutter Was heißt das?

Sohn Du machst ihnen falsche Hoffnungen.

Mutter Deshalb bringst du sie nicht mehr mit?

Sohn Mama! Bitte! Warum willst du mich denn unbedingt unglücklich sehen?

Mutter Unglücklich?

Sohn *Verheiratet.*

Mutter Ich wollte doch nur freundlich sein. Ich hab mir gedacht, du kommst vielleicht lieber, wenn du eine Freundin mitbringen kannst.

Sohn Mama! Können wir uns einigen? Wenn ich will, bringe ich eine mit. Wenn ich nicht will, komme ich allein. Keine Wellen! Nicht immer so aufgeregt. Bitte!

Ein paar Wochen später. Die Mutter ruft an.

Mutter Ich will dich nicht stören –

Sohn Nein, passt schon.

Mutter Alles in Ordnung?

Sohn Ja. Wieso?

Mutter Nur so. Ich versuche zu kommunizieren.

Sohn Aha.

Mutter Was erlebst du so?

Sohn Ich? Nichts.

Mutter Du musst doch irgendwas erleben.

Sohn Wenn ich was erleben tät, würd ich's dir erzählen.

Mutter Du kannst doch nicht die ganze Zeit nichts erleben.

Sohn Doch.

Mutter Mach's mir doch nicht so schwer.

Sohn Was?

Mutter Wenn ich dich *nicht* anrufe, erfahr ich überhaupt nichts von dir.

Sohn Es gibt nichts zu erfahren.

Mutter Stimmt. Wenn ich dich *anrufe*, erfahr ich auch nichts.

Sohn Ich versteh nicht, was du hast.

Mutter Ja, das glaube ich auch. Du verstehst es nicht.

Sohn Und?

Mutter Wenigstens.

Sohn Was meinst du?

Mutter Du machst es wenigstens nicht absichtlich.

Sohn Was?

Mutter Dass du uns ausschließt.

Sohn Ich schließe euch doch nicht aus.

Mutter Du bist nur nicht gesprächig.

Sohn Genau.

Spontan sein!

Tochter Duhu, kannst du morgen mit mir doch zu Ikea fahren? Ich brauch ein Regal fürs Bad. Dringend.

Mutter Das hab ich schon vor Wochen gesagt.

Tochter Eben.

Mutter Aber du wolltest keins.

Tochter Das hab ich nie behauptet.

Mutter Doch. Geradezu beleidigt warst du, als ich dich gefragt hab, ob ich dir eins kaufen soll.

Tochter Nein, das stimmt nicht, ich wollte nur nicht, dass du es aussuchst.

Mutter Ich wollte es nicht aussuchen. Ich hab dir angeboten, dass wir zusammen –

Tochter Ja, gut, und jetzt frag ich dich eben, ob wir morgen zusammen ein Regal kaufen.

Mutter Du hast gesagt, du gehst mit dem Stefan eislaufen.

Tochter Ja, aber der Stefan hat keine Zeit.

Mutter Und ich hab inzwischen was anderes vor.

Tochter Das sagst du nur, weil du mich ärgern willst.

Mutter Das sage ich, weil ich mir was anderes ausgemacht hab.

Tochter Geh bitte! Einmal brauch ich was von dir, *einmal*!

Mutter Ich hab dich doch gefragt, ob du mich am Samstag brauchst, und du hast gesagt, nein, du gehst mit dem Stefan eislaufen.

Tochter Ich hab ja nicht wissen können, dass der Koffer absagt.

Mutter Ich auch nicht.

Tochter Wieso machst du dir gleich was anderes aus, wenn ich sag, ich hab keine Zeit?

Mutter Was stellst du dir vor? Dass ich hinterm Ofen sitze, bis du mich hervorholst?

Tochter Jetzt sei doch nicht gleich beleidigt.

Mutter Ich bin nicht beleidigt.

Tochter Okay, dann fahren wir morgen zu Ikea?

Mutter Nein.

Tochter Warum bist du so? Ich versteh das nicht. Andere Eltern helfen ihren Kindern doch auch.

Mutter Andere Eltern haben *auch* Termine.

Tochter Ich muss bei dir um einen *Termin* ansuchen?

Mutter Nicht ansuchen. Aber einsehen, dass ich nicht auf Abruf für dich in den Startlöchern hocke.

Tochter Wieso kannst du nicht einfach spontan sein?

Mutter Was verstehst du darunter?

Tochter Na, nicht dieses ständige Planen.

Mutter Sondern?

Tochter Das tun, wozu man Lust hat.

Mutter Okay, ich tue morgen, wozu ich Lust habe: Ich halte meine Verabredung ein.

Tochter Das meine ich nicht.

Mutter Was meinst du denn? Dass ich tun soll, worauf *du* Lust hast?

Tochter Ich finde nur, du bist nicht flexibel. Dauernd willst du alles im voraus wissen. *Wann kommst du? Soll ich was kochen? Was willst du essen*? Das ist so furchtbar starr.

Mutter Hör mal, du bist diejenige, die sich bitter beschwert, wenn sie kommt und der Eiskasten ist nicht voll bis obenhin.

Tochter Naja, dass du gar nix Essbares zu Haus hast, damit rechnet man natürlich nicht. Normalerweise ernähren sich die Menschen von was.

Mutter Ich hab nie *gar nix* zu Haus. Aber was ich zu Haus hab, passt dir nie.

Tochter Ja, weil du immer die falschen Sachen kaufst.

Mutter Deswegen frag ich dich, ob du kommst und was du möchtest.

Tochter Wir könnten morgen bei Ikea Lachs kaufen.

Mutter Nein, können wir nicht. Weil ich morgen woanders bin.

Tochter Du weichst nie von etwas ab, was du dir einmal in den Kopf gesetzt hast, gell?

Mutter Wenn's nicht sein muss –

Tochter Weißt du, dass zwanghafte Menschen Magengeschwüre kriegen?

Mutter Und sprunghafte kriegen keine Badezimmerregale.

Tochter Ha ha. Der war matt.

Mutter Aber wahr.

Tochter Wieso willst du mich eigentlich nur dann sehen, wenn ich keine Zeit habe?

Mutter Hä?

Tochter Ja, ehrlich, das wüsste ich gern. Wenn ich mit dem Stefan eislaufen gehen will, willst du mit mir zu Ikea. Aber kaum treffe ich ich den Stefan nicht, um dich zu treffen, sagst du, du kannst nicht.

Mutter Also, das ist doch –

Tochter Ich sag dir, was das ist: Das ist irgendwie falsch und scheinheilig.

Mutter Du triffst den Stefan *nicht* nicht, um mich zu treffen. Du willst dich mit mir treffen, weil der Stefan dich nicht trifft.

Tochter Na und? Mit mir wollen sich viele treffen. Aber ich wollte mit *dir* was unternehmen.

Mutter Du wolltest mit mir was *unternehmen*? Nur, um mich zu sehen?

Tochter Ja. Sicher.

Mutter Du würdest also auch mit mir wandern gehen? Oder ins Museum?

Tochter Würde ich. Aber warum muss es ein Museum sein? Wenn du bereit bist, mit mir ins Museum zu gehen, kannst du doch gerade so gut mit mir zu Ikea fahren.

Mutter Ich bin gar nicht bereit, mit dir ins Museum zu gehen. Jedenfalls nicht morgen.

Tochter Warum sagst du's dann?

Mutter Ich habe nur versucht, dir zu zeigen, dass es dir nicht um mich geht, sondern um Ikea.

Tochter Und was bringt mir das?

Mutter Nichts.

Tochter Siehst du. Weißt du, ich versteh dich echt nicht. Wie soll ich je zu einer eingerichteten Wohnung kommen ohne Auto? Soll ich das Zeug allein auf dem Buckel nach Hause tragen?

Mutter Das hab ich nicht behauptet. Wie schaut's nächsten Samstag aus?

Tochter Das weiß ich doch jetzt noch nicht. Vielleicht fahr ich mit der Sandra nach Budapest.

Mutter Dann finde halt rechtzeitig heraus, ob du mit der Sandra nach Budapest fährst.

Tochter Was ist rechtzeitig?

Mutter Bis Mittwoch.

Tochter Wie soll ich am Mittwoch wissen, ob ich am Samstag nach Budapest fahr???

Mutter Wirf eine Münze. Geh zur Wahrsagerin. Befrag den Mondkalender.

Das Telefon läutet. Die Tochter geht hin und telefoniert. Dann kommt sie zurück.

Tochter *(triumphierend)*: Das war die Heidi. Ich soll dir ausrichten, sie können morgen nicht. Sie und der Wolf müssen babysitten, weil Wolfs Tochter und ihr Mann zu Ikea fahren.

Therapiesitzung

Die Eltern bei einem/einer Psychosachverständigen, im Folgenden kurz PS genannt.

PS Ihr Sohn kooperiert also, wenn ich das richtig verstehe, nicht mit Ihnen?

Vater Exakt.

PS Und wie geht es Ihnen damit?

Mutter Schlecht.

PS Warum? Können Sie das artikulieren?

Mutter Weil die ganze Arbeit an mir hängen bleibt.

Vater An uns.

PS Was verstehen Sie unter ganzer Arbeit?

Mutter Aufräumen. Waschen. Bügeln. Kochen. Putzen. Aufräumen.

PS Was würde passieren, wenn Sie all das nicht machen würden?

Vater Wir hätten die Sanitätspolizei am Hals. Obwohl: Das passiert sowieso demnächst.

PS Warum?

Vater Weil er ein begnadeter Chaot ist.

PS Was verstehen Sie unter Chaot? Können Sie das präzisieren?

Mutter Er ist schlampig. Er ist faul. Jedes Zimmer, in dem er sich länger als fünf Minuten aufhält, schaut aus, als hätte eine Bombe eingeschlagen.

PS Und das stört Sie.

Vater Wundert Sie das? Würde Sie das nicht stören? Würden Sie in einem Bombentrichter wohnen wollen?

PS Es geht um *Ihre* Befindlichkeit. Haben Sie Ihrem

Sohn schon einmal gesagt, dass Sie seine Schlamperei – oder was Sie so nennen – stört?

Vater Einmal? Tausendmal!

PS Wie haben Sie es ihm gesagt?

Mutter Freundlich. Energisch. Drohend. Leise. Laut.

PS Mit welchen Worten?

Mutter Mit allen möglichen …

PS Haben Sie Ihre Kritik als Vorwurf formuliert? Als Bitte? Als Appell?

Vater Alles. Wir haben alles probiert.

PS Nehmen wir an, ich sage zu Ihnen: »Räum jetzt endlich dein Zimmer auf!« Was geht da in Ihnen vor?

Vater Ich denke mir, dass Sie mein Zimmer nichts angeht.

PS Sehen Sie.

Vater Nein, wir wohnen nämlich nicht zusammen.

PS Ich versuche nur, Ihnen den Unterschied zwischen der Qualität von Botschaften zu vermitteln. Wenn ich stattdessen sagen würde: »Ich hätte gern, dass du dein Zimmer aufräumst!«, dann ist das kein Befehl, sondern ein Appell an Ihre Fairness, dem Sie sich schwer entziehen könnten.

Vater Ich vielleicht nicht. Mein Sohn schon.

Mutter Denken Sie, ich bin noch nie auf die Idee gekommen zu sagen, was ich gern hätte?

PS Wichtig sind klare Botschaften. Nicht: »Es wäre nett, wenn du einmal dein Zimmer aufräumst«, sondern: »Ich möchte, dass du es tust«.

Vater »Ich möchte, dass du es tust« ist kein Befehl?

Mutter Was ist der Unterschied zwischen »Es wäre nett« und »Ich hätte gern«?

PS Warum ist es Ihnen überhaupt so wichtig, dass das Zimmer Ihres Sohnes aufgeräumt ist?

Vater Nicht sein Zimmer. Unsere Wohnung. Er verwüstet die ganze Wohnung.

PS Also gut: Warum ist es Ihnen so wichtig, dass die Wohnung aufgeräumt ist?

Vater Ich setze mich so ungern in Butterbrote.

Mutter Ich wate so ungern in Ovomaltine.

PS Haben Sie Ihrem Sohn schon einmal vorgeschlagen, sich auf sein Zimmer zu beschränken, wenn Ihre und seine Ordnungsvorstellungen sich so gar nicht decken?

Mutter Glauben Sie, wir würden hier sitzen, wenn das funktioniert hätte?

PS Vertrauen Sie Ihrem Sohn?

Mutter Ich vertraue darauf, dass er nicht betrügt, stiehlt oder meuchelt. Aber ich vertraue nicht darauf, dass er den Mistkübel runterträgt.

PS Vielleicht möchte er, dass sie ihm mehr Vertrauen schenken.

Vater Dann soll er einmal den Mistkübel runtertragen.

Mutter Es ist ja nicht so, dass er den Mistkübel stehen lässt, seit wir ihm misstrauen. Sondern wir misstrauen ihm, weil er ihn nie runterträgt.

PS Das heißt, Sie stellen die Regeln auf, nach denen er sich zu richten hat?

Mutter Ich würde sagen, die Müllabfuhr stellt die Regeln auf, nach denen sich alle richten müssen, die ihren Müll loswerden wollen.

PS Sie wissen schon, dass es hier nicht nur um den Müll geht?

Mutter Mir schon. Wenn ich möchte, das der Müll runtergetragen wird, dann geht es mir um den Müll.

PS Sie richten sich also nach der Müllabfuhr. Gut. Sie

erwarten demnach, dass Ihr Sohn dieselben Prioritäten setzt wie Sie?

Vater Hören Sie, wenn Sie hier einen weltanschaulichen Konflikt konstruieren wollen … Das ist nicht der Punkt. Politisch stimmen wir mit unserem Sohn überein.

PS Das ist doch sehr schön. Sie haben also doch eine positive Beziehung zu ihm. Warum betonen Sie nicht die positiven Aspekte in Ihrem Zusammenleben?

Vater Das tun wir. Trotzdem mag ich mich nicht in Butterbrote setzen.

PS Haben Sie Ihrem Sohn schon einmal gesagt, dass Sie seine politischen Ansichten schätzen?

Mutter Ja. Trotzdem möchte ich nicht in Ovomaltine waten.

PS Das heißt, Sie senden ihm einerseits positive Signale, machen Sie aber gleich wieder durch Einschränkungen zunichte?

Vater Ich finde, er macht seine positiven Signale zunichte, indem er einen Saustall hinterlässt.

PS Das ist eine Frage der Gewichtung. Statt glücklich zu sein über seine politischen Ansichten sind Sie lieber unglücklich über das, was Sie seinen Saustall nennen.

Mutter Von lieber kann keine Rede sein!

Vater Sollen wir glücklich vom Balkon ins Chaos lächeln?

Mutter Solange der Balkon noch betretbar ist …

Vater Wir könnten die Balkontür hinter uns zusperren. Dann haben wir den Balkon für uns.

PS Na bitte. Ich freue mich, dass unser Gespräch zu einem konstruktiven Lösungsansatz geführt hat.

Wie meine Mutter

Sie Kannst du bitte endlich einmal »Kaffee« auf die Einkaufsliste schreiben, wenn du den letzten Kaffee verbraucht hast?

Er Kannst du das bitte weniger dramatisch sagen?

Sie Soll ich es trällern, damit du es dir endlich merkst?

Er *Endlich* merkst! Du tust, als würde ich ununterbrochen den letzten Kaffee verbrauchen.

Sie Nicht nur den Kaffee. Alles Mögliche. Du verbrauchst es und schreibst es nicht auf die Einkaufsliste.

Er Brauchst du eine Liste, um zu sehen, dass kein Kaffee mehr da ist?

Sie Nein, ich brauche eine Liste, um zu wissen, dass ich Kaffee kaufen muss, wenn ich einkaufen gehe.

Er Wieso?

Sie Weil ich nicht jedes Mal vorm Einkaufen Inventur machen will.

Er Du erinnerst mich leider sehr an meine Mutter. Und du weißt, ich hasse sie!

Sie Wieso hasst du sie eigentlich?

Er Naja, sagen wir, ich habe ein schwieriges Verhältnis zu ihr.

Sie Das sagst du immer.

Er Weil es *immer* so ist. Oder denkst du, ich hasse sie nur freitags?

Sie Naja, mal hasst man wen und dann wieder nicht.

Er Schon wieder. Das könnte von ihr sein.

Sie Uuuh, wie gruselig.

Er Das ist nicht lustig. Unterschätz das nicht.

Sie Du sagst immer, wie schwierig sie ist, aber ich habe noch nie begriffen, warum.

Er Na hör einmal, ich hab dir doch schon genug erzählt.

Sie Nein.

Er Doch! Sie lehnt mich ab. Sie ist kalt und kontrollierend.

Sie Das behauptest du. Aber was ist der Grund dafür?

Er Dafür, dass sie mich ablehnt? Das weiß ich doch nicht.

Sie Nein, dafür, dass du es behauptest.

Er Ich behaupte das nicht einfach. Das ist so.

Sie Okay, was ist der Grund, dass du sie so empfindest? Was hat sie dir getan?

Er Mein Gott, da gibt es hunderttausend Gründe. Geschichten. Vorfälle. Verletzungen.

Sie Wenn ich sage, schreib bitte »Kaffee« auf die Einkaufsliste, ist das kalt und kontrollierend?

Er In gewisser Weise schon.

Sie Geh!

Er Na gut, vielleicht ist das ein schlechtes Beispiel. Ich habe ja auch nicht gesagt, sie ist kalt und kontrollierend, weil sie immer wollte, dass ich »Kaffee« auf die Einkaufsliste schreiben soll.

Sie Nein, aber ich habe gesagt, schreib doch »Kaffee« auf die Einkaufsliste, und du hast gesagt, das erinnert dich an deine kalte, kontrollierende Mutter.

Er Du machst mich wahnsinnig. Diese Erbsenzählerei, das ist auch so eine Spezialität von ihr.

Sie Was für Verletzungen?

Er Bitte?

Sie Du hast gesagt *Verletzungen*. Was für Verletzungen?

Er Sie kritisiert mich. Sie hat nie an mich geglaubt. Sie lebt nur ihr eigenes Leben.

Sie Sei doch froh. Möchtest du, dass sie uns auf der Pelle sitzt?

Er Nein. Aber … Normalerweise sind einer Mutter doch die Kinder das Wichtigste, oder? Ihr nicht. Für sie waren schon immer ihre Männergeschichten wichtiger.

Sie Ach, sei froh, dass sie einen Freund hat.

Er Du verstehst mich nicht. Für sie war es sogar normal, dass diese Typen mit uns auf Urlaub fahren.

Sie Naja. Wenn's nette Typen waren.

Er Darum geht's doch nicht. Nett oder nicht, es geht ums Grundsätzliche. Dass sie überhaupt auf die Idee gekommen ist. Ein fremder Mann. Mit uns in die Ferien.

Sie Ihr war er vielleicht nicht so fremd.

Er Schon wieder! Schon wieder!

Sie Was?

Er Wie sie. Du weißt nicht, wo die Grenzen sind. Instinktlos.

Sie Entschuldige, ich hab nicht gewusst, dass du davon so traumatisiert bist. Haben sie dir wirklich die Ferien verdorben?

Er Wer?

Sie Die fremden Männer. Die mit euch weggefahren sind.

Er Mit uns ist kein fremder Mann weggefahren.

Sie Aber du hast doch gerade gesagt –

Er Ich habe gesagt, dass sie ihren Freund mitnehmen *wollte*. Ich habe nicht gesagt, ich habe es mir gefallen lassen.

Sie Du hast deiner Mutter *verboten*, dass sie ihren Freund mit auf Urlaub nimmt?

Er Sagen wir, ich hab's verhindert.

Sie Wie alt warst du da?

Er Dreizehn. Was spielt das für eine Rolle?

Sie Du redest von *Männergeschichten*, weil sie einen Freund mit auf Urlaub nehmen wollte, als du *dreizehn* warst?

Er *Ich* war dreizehn. Mein Bruder war elf. Ich hab dabei auch an meinen Bruder gedacht.

Sie Inwiefern?

Er Muss ich dir das wirklich erklären?

Sie Ja.

Er Nein, wenn du das nicht von selber weißt –

Sie Es gibt keine Erklärung, stimmt's?

Er Doch … Mein Bruder war eben noch sehr klein.

Sie Denkst du, sie hätte vor euren Augen Sex gehabt?

Er Mit dir kann man nicht diskutieren.

Sie *(seufzt):* Na schön.

Er Das ist nicht schön. Ich versuche dir zu erklären, warum ich allergisch bin gegen alles, was mich an meine Mutter erinnert, aber du willst mich nicht verstehen.

Sie Doch, ich *will* dich ja verstehen.

Er Es sind nicht nur ihre Männer … Auch der Stellenwert, den das Geschäft für sie hatte. Dauernd war sie im Laden. Ihr ganzes Leben hat sich um die Firma gedreht.

Sie Naja, dazu war sie doch offenbar gezwungen. Du hast selber gesagt, nachdem dein Vater gestorben ist, hat sie die Firma vorm Konkurs –

Er Du musst unterscheiden zwischen objektiven

Notwendigkeiten und den subjektiven Gefühlen, die ein Kind hat!

Sie Aber wenn sie sich nicht um die Firma gekümmert hätte, wärt ihr pleite gewesen, oder?

Er Das ist zu simpel. So kann man es vielleicht sehen, aber es ist zu simpel. Ich war ein Kind. Für mich hat sich das anders dargestellt.

Sie Jetzt bist du kein Kind mehr.

Er Und?

Sie Warum bist du noch immer bös auf sie? Jetzt weißt du doch, warum sie den ganzen Tag im Laden war und dass das notwendig war.

Er Von Psychologie hast du leider keine Ahnung.

Sie Wenn ich dir so zuhöre … Ich hatte immer den Eindruck, es hat dir nie an was gefehlt. Das schöne Haus –

Er Materiell hat es mir an nichts gefehlt, das stimmt.

Sie Anscheinend hat sich deine Mutter den Arsch aufgerissen, damit es euch materiell an nichts fehlt.

Er Man könnte auch sagen, das war ihre Pflicht.

Sie Findest du?

Er Hätte sie uns obendrein hungern lassen sollen?

Sie Und sie hat deine Ausstellung geponsert.

Er Sie hat auch genügend Geld.

Sie Weil du sagst, sie *glaubt* nicht an dich. Anscheinend glaubt sie doch.

Er Das hat sie nur gemacht, um mir meine Abhängigkeit vor Augen zu führen. Und dann hab ich bloß ein einziges Bild verkauft. Triumph, Triumph! Für sie.

Sie Sie hat doch nicht triumphiert.

Er Innerlich schon.

Sie Du hast wirklich ein schwieriges Verhältnis zu ihr.

Er Sag ich ja. Du musst sehr lieb zu mir sein.

Sie Ja?

Er Ja. Ich brauch das. Als Ausgleich.

Sie Hm.

Er Hörst du? Lieb! Nicht zetern von wegen Kaffee und Einkaufslisten.

Sie Ich zeter doch gar nicht.

Er Doch, tust du. Und dabei bin ich so empfindlich.

Sie Armer Liebling ... Wie ich.

Er Du?

Sie Empfindlich. Zu mir muss man auch ganz lieb sein.

Er Bin ich doch.

Sie Nein. Manchmal bist du sehr unlieb.

Er Ich weiß, aber ich kann nichts dafür.

Sie Wieso nicht?

Er Emotionale Defizite.

Sie Wegen deiner kalten, kontrollierenden Mutter?

Er Genau.

Zwei Freundinnen

Zwei alte Freundinnen – im Folgenden Eins und Zwei genannt – treffen zufällig aufeinander. Ihr Kontakt ist nicht mehr so eng wie früher, sie haben einander schon längere Zeit nicht gesehen.

Eins Und wie geht's deinem Sohn?

Zwei Naja, du weißt ja, er hat sich scheiden lassen, deswegen wohnt er jetzt wieder bei uns. Vorübergehend.

Eins War die Scheidung nicht schon vor zwei Jahren?

Zwei Ja, aber der Immobilienmarkt ist zur Zeit ziemlich hochpreisig. Man kriegt kaum günstige Wohnungen.

Eins Er verdient doch gut?

Zwei Das schon. Trotzdem … Mein Gott, die jungen Leute geben gern viel aus, du weißt doch, wie das ist. Teures Auto, teure Klamotten, teure Lokale. Was soll's, ich gönne ihm ein flottes Leben, und es ist ja auch schön, ihn wieder daheim zu haben.

Eins Ja?

Zwei Ja, sicher. Wie in alten Zeiten. Manchmal hocken wir mitten in der Nacht in der Küche, ich mach ihm was zu essen, und wir schwatzen wie früher.

Eins Ist sein Kinderzimmer nicht ein bisschen klein für einen Erwachsenen?

Zwei Wir haben die Wohnung neu aufgeteilt. Halbe, halbe, mehr oder weniger. Wie geht's deiner Tochter?

Eins Bestens. Sie hat einen tollen Job, ein süßes Kind, und ihr Mann ist total okay.

Zwei Was will man mehr.

Eins Genau.

Zwei Wie schafft sie das eigentlich, Job und Kind?

Eins Networking. Man muss zusammenhelfen.

Zwei Hilfst du auch mit?

Eins Klar. Ich bin meiner Enkeltochter verfallen.

Zwei Also, ab und zu die coole Oma spielen, das könnt ich mir auch vorstellen. Aber regelmäßig babysitten? Wie oft betreust du deine Enkelin?

Eins Zur Zeit hab ich sie vier Tage in der Woche.

Zwei Vier??? Tage???

Eins Ja, am Freitag wechseln sich meine Tochter und mein Schwiegersohn ab und am Wochenende ist die Paula bei ihnen.

Zwei Apropos Wochenende: Wollt ihr diesen Samstag mit uns essen gehen?

Eins Im Prinzip furchtbar gern, aber essen gehen geht nicht, weil wir die Paula haben.

Zwei Ich denke, am Wochenende hast du frei?

Eins Naja, manchmal muss meine Tochter zu einem Kongress, dann ist sie nicht da.

Zwei Und dein Schwiegersohn?

Eins Du, der ist an und für sich sehr partnerschaftlich, er wär sogar einen Monat in Karenz gegangen, wenn seine Firma keine Manderln gemacht hätte … Aber, naja, er arbeitet so hart, da braucht er halt auch einmal seine Ruhe. Muss es ausgerechnet diesen Samstag sein?

Zwei Ja. Unser Sohn hat nämlich Gäste und da stören wir daheim. Sag, von wegen *Networking*: Das ganze Netz bist demnach du?

Eins Meine Tochter schaut sich eh nach einer zuverlässigen Tagesmutter um, aber bis jetzt hat sie einfach keine gefunden.

Zwei *(spöttisch):* Zu dumm.

Eins Ja, genauso dumm wie dass dein Sohn keine Wohnung findet.

Zwei *(seufzend):* Da hast du recht.

Eins *(vorsichtig):* Äh … Ihr müsst aus dem Haus, wenn er Gäste hat?

Zwei Wir wollen eben nicht stören. Ich klopfe mittlerweile an meiner eigenen Wohnzimmertür, bevor ich sie öffne.

Eins Im Ernst?

Zwei Was mir wirklich auf die Nerven geht, sind fremde Frauen auf meinem Clo, die vergessen haben, die Tür zu verriegeln. Aber, natürlich, mein Sohn ist ein erwachsener Mann und kein Mönch, was soll ich erwarten?

Eins Vielleicht, dass er auszieht?

Zwei Du hast es nötig.

Eins Stimmt, stimmt eh. Herrgott. Ich muss mittlerweile anfragen, ob ich ausnahmsweise einmal ins Kino darf.

Zwei Gratulation.

Eins Gleichfalls. *(Verdreht die Augen.) Es ist so schön, ihn wieder daheim zu haben*! Warum heuchelst du so?

Zwei Sonst steh ich ja vielleicht als Rabenmutter da. Und du?

Eins Rabengroßmutter. Will keine sein.

Zwei Findest du nicht, wir sollten einmal so richtig ausgiebig tratschen?

Eins Ja. Wann?

Zwei Kommenden Montag?

Eins Schlecht. Die Paula hat einen Impftermin bei der Kinderärztin. Dienstag?

Zwei Ganz blöd. Da kommt der Tischler. Mein Sohn hat sich einen neuen Wandverbau bestellt. Mittwoch?

Eins Ich hab der Paula versprochen, dass wir in den Tiergarten gehen.

Zwei Und wenn ich mitgeh?

Eins Naja, zum Reden kommen wir dabei nicht. Donnerstag?

Zwei Will mein Mann mit mir zum Baumarkt. Unser Sohn hat Badezimmerfliesen ausgesucht, die müssen wir abholen. Freitag?

Eins Freitags bin ich mit der Paula beim Oma-Kind-Turnen.

Zwei Kannst du nicht einmal schwänzen?

Eins Du bist gut. Und wenn mir meine Tochter draufkommt ...?

Essen gehen

Mutter Sagt mal, wegen Weihnachten … Wollen wir am 25. schön essen gehen?

Vater Was?

Tochter Wie meinst du das – in ein Lokal?

Sohn Das ist jetzt aber nicht dein Ernst.

Mutter Doch. Ja. Warum?

Vater Ist dir klar, was das kostet?

Mutter Ja.

Vater Ich meine, weil du sagst, *schön* essen gehen … Oder möchtest du, dass wir Weihnachten in einer Fast-Food-Bude feiern?

Mutter Nein, möchte ich nicht. Und ich lade euch ein.

Vater Na, wenn du dein Geld zum Fenster rauswerfen willst …

Mutter Nicht zum Fenster raus. Ich kriege ja was dafür.

Vater Und zwar was?

Mutter Ein Familienessen in einem angenehmen Restaurant.

Tochter Das ist unfair. Mir sagst du, wir müssen sparen. Ich krieg keine Tommy-Hilfiger-Schuhe, aber für teure Lokale ist Geld da.

Mutter Oh, entschuldige, dass ich mein Geld nicht ausschließlich für dich ausgeben will.

Vater *(zur Tochter)*: Darum geht es doch wirklich nicht –

Tochter Doch, darum geht es schon!

Vater Du weißt, was ich von diesem Marken-Schwachsinn halte.

Sohn Wir wissen, was du davon hältst, und du liegst

falsch. Man kann heutzutage nicht mit *irgendeinem* Label auftreten. Mach das bei einem Bewerbungsgespräch, und du bist weg vom Fenster.

Vater Unsinn!

Sohn Du hast leider keine Ahnung. Hallo! Das ist das 21. Jahrhundert!

Mutter Ich will jetzt keine Jahrhundert-Fragen klären. Ich will über den 25. Dezember reden.

Vater Gut, reden wir darüber. Du willst meine Meinung? Ich sag sie dir: Ich habe keine Lust, mich am Christtag in Schale zu werfen und unter wildfremden Menschen in einem ungemütlichen Lokal zu sitzen, wo jeder Bissen, den ich daheim umsonst kriege, ein Vermögen kostet.

Mutter Umsonst? Wir essen daheim umsonst?

Vater Um einen Bruchteil.

Mutter Um einen Bruchteil wovon?

Vater Herrgott, ja, man kauft die Lebensmittel. Aber das ist doch kein Vergleich.

Mutter *Man* kauft? *Wer* kauft?

Vater Worauf willst du hinaus?

Mutter Wer geht einkaufen? Wer staut sich durch den Supermarkt und karrt das Zeug heim und schleppt es in die Wohnung?

Vater Wenn dich das Einkaufen so belastet, dann erledigen wir es eben zusammen!

Mutter Du hast doch nie Zeit.

Vater Ich arbeite. Ist das ein Verbrechen?

Mutter Ich arbeite auch.

Vater Du kannst es dir leichter einteilen.

Mutter Von leichter kann nicht die Rede sein. Und du *könntest* es dir auch einteilen. *Wollen* muss man.

Sohn Also, Mama, ehrlich, in Lokale geh ich das ganze Jahr über –

Mutter Du Armer!

Sohn Nein, wirklich, ich finde, der Papa hat recht. Das ist urungemütlich. Weihnachten ist doch ein Familienfest.

Tochter Außerdem hab ich der Tanja gesagt, sie kann zum Dessert vorbeikommen. Du weißt, sie steht auf deine Nachspeisen. Ihre Mama macht immer nur Schokomousse aus'm Packerl.

Sohn Und ich treffe später noch ein paar Leute. Wenn wir in einem Lokal sind und die lassen uns aufs Essen warten, geht sich das womöglich nicht aus.

Mutter Ich denke, Weihnachten ist ein Familienfest?

Tochter Was hast du auf einmal gegen die Tanja?

Mutter Ich habe nichts gegen die Tanja.

Tochter Die Mutter von der Sophie sagt, sie *liebt* es, wenn das Haus voller junger Leute ist!

Mutter Vielleicht mag sie einmal in unser volles Haus kommen und hier kochen?

Tochter Die kocht nicht. Die haben eine Wirtschafterin. Du weißt schon, illegale Billigkraft.

Mutter Ekelhaft.

Tochter Ja. Aber trotzdem.

Vater Trotzdem *was*?

Tochter Na, nix. Nur dass die Sophie immer jede Menge Leute zum Essen anschleppen darf.

Vater Auf dem Rücken einer, wie du selber so richtig sagst, illegalen Billigkraft kann man leicht gastfreundlich sein!

Mutter Ich schätze dein Engagement für die Entrechteten und Unterdrückten, ehrlich. Aber darf ich dein Interesse kurzfristig auch einmal auf die legalen Billigkräfte lenken?

Vater Als da wären?

Mutter Mütter. Ehefrauen. Hausfrauen.

Sohn Nein, Mama, das stimmt so nicht, weil wenn du dir den Unterhaltsanspruch einer nicht berufstätigen Ehefrau anschaust –

Mutter Ich rede von berufstätigen Hausfrauen. Ich rede von mir. Ich rede von eurem legalen zahlenden Personal.

Vater Jetzt wirst du melodramatisch.

Mutter Ach weißt du … Überleg einmal: Da ist eine Frau, die hat einen kleinen Weihnachtswunsch: Sie will ihre Familie lieber zum Essen ausführen als selber zu kochen. Aber die Familie denkt nicht daran, ihr diesen armseligen kleinen Wunsch zu erfüllen. Ist das nicht eine furchtbar traurige Geschichte?

Vater Wenn du sie so erzählst, schon.

Mutter Wie soll ich sie sonst erzählen?

Vater Du musst doch gar nicht groß kochen.

Sohn Genau.

Vater Mach irgendwas Einfaches. Einen faschierten Braten. Grießnockerlsuppe. Hausmannskost. Irgendwas Schnelles.

Mutter Was Schnelles. Faschierter Braten und Grießnockerlsuppe. Du bist gut.

Vater Oder einen Tafelspitz. Mit Erdäpfelschmarren.

Tochter Und Schnittlauchsauce und Apfelkren.

Sohn Und nachher Brandteigkrapfen.

Tochter Aber keine gekauften.

Sohn Sowieso. Gekaufte sind gaga.

Vater Obwohl … Für den Onkel Poldi wär ein faschierter Braten besser.

Sohn Ich *hasse* faschierten Braten!

Vater Der Onkel Poldi wird aber den Tafelspitz vielleicht nicht beißen können. Falls er nicht ganz mürb ist.

Tochter Die Mama kann ja für den Onkel Poldi extra ein Faschiertes machen.

Mutter Nein!

Tochter Wieso, du hast doch für den Onkel Poldi bisher auch immer extra gekocht. Der wollte doch auch den Lachs nicht. Und keine Honig-Ingwer-Sauce.

Mutter Ich will nicht kochen! Weder für den Onkel Poldi noch für euch.

Vater Bitte! Was ist denn an einem Tafelspitz viel zu kochen? Der kocht sich doch praktisch von allein.

Mutter Sagte der Mann, der 1973 zuletzt eigenhändig ein Paar Würstel ins heiße Wasser geworfen hat.

Sohn Hat er sie auch wieder rausgeholt?

Mutter Ich glaube nicht. Vermutlich sind sie noch drin.

Sohn Nur dass das Wasser inzwischen kalt ist.

Mutter Oder verdunstet.

Vater Ha. Ha. Ihr seid sowas von lustig. Wieso sagst du übrigens, du willst nicht für *uns* kochen? Du kochst doch auch für dich.

Mutter Für mich würde ich höchstens ein hartes Ei kochen.

Vater Dann koch halt für uns alle harte Eier. Wer sagt, dass man zu Weihnachten nicht auch harte Eier und Schinken essen kann?

Tochter Nein, lieber Eier Benedikt!

Sohn Und keinesfalls den grauslichen Kochschinken. Wieso kaufst du den eigentlich immer wieder, Mama?

Mutter Um dich zu quälen.

Sohn Nein, im Ernst: Ist dir noch nicht aufgefallen, dass ich seit Jahren nur Rohschinken esse?

Mutter Aber sicher. Ich überlege, ob ich eine kleine wissenschaftliche Abhandlung darüber schreibe. Spannendes Thema. Wirklich.

Vater Weißt du, du bist nicht sehr kooperativ. Da zerbricht man sich den Kopf, wie man dir entgegenkommen kann –

Mutter Mir *entgegenkommen*? Wohin willst du mir entgegenkommen? In die Küche? Ich sag dir was: Kommt mir in die Oper entgegen. Oder ins Konzerthaus. Dort würd ich euch gerne treffen.

Tochter Ich gehe doch nicht in *Klassik*-Konzerte!

Vater Jetzt im Ernst. Du willst uns einreden, dass du ausgerechnet zu Weihnachten nichts lieber möchtest als ausgehen?

Mutter Ich sage dir, was ich nicht will: Einkaufen. Kochen. Putzen. Euch bedienen. Dem Onkel Poldi zuhören, wie er zum hunderttausendsten Mal von Weihnachten in Bad Ischl anno Schnee erzählt. Eure Undankbarkeit hinnehmen.

Vater Wir sind undankbar?

Tochter Jetzt kommt das wieder.

Sohn Aber wir bedanken uns doch eh dauernd.

Mutter Außer ihr findet, dass ich den falschen Schinken eingekauft habe.

Sohn Wenn ich sage, dass ich nur Rohschinken esse, ist das doch keine persönliche Beleidigung.

Vater Geht's dir darum, dass wir dich mehr loben? Bitte! Dann loben wir dich halt.

Mutter *Loben*? Ich bin kein Schulkind.

Vater Dir kann man es einfach nicht recht machen.

Mutter Nächstes Jahr fliege ich in die Karibik.

Vater Das ist ja wohl das Abgeschmackteste überhaupt. Weihnachten unter einem Plastik-Christbaum in einer Hotelhalle.

Sohn Oder in einer Abflughalle. Weil nämlich die Anschlussflüge überbucht sind.

Vater und Sohn lachen.

Mutter Sitze ich halt in einer Abflughalle, trinke einen Kaffee und lese in aller Ruhe.

Vater Du liest lieber in einer Abflughalle als daheim?

Mutter Daheim komme ich nicht zum Lesen.

Vater Hör einmal, ich verstehe dich nicht. Du hast Mann und Kinder! Andere wollen sich umbringen, wenn sie zu Weihnachten ohne Familie dastehen.

Mutter Die haben keine Ahnung.

Sohn Wovon?

Mutter Vom Familienleben.

Vater Findest du nicht, du gehst jetzt zu weit?

Mutter Oder nicht weit genug. Ich denke gerade an diese Typen, die das Haus verlassen, um sich Zigaretten zu kaufen, und anschließend jahrelang in der Weltgeschichte verschollen sind.

Tochter Du rauchst nicht.

Mutter Ich könnt's mir angewöhnen.

Tochter Du willst uns verlassen?

Mutter Eigentlich wollte ich mit euch essen gehen.

Sohn Aber wenn wir nein sagen, verlässt du uns? Das ist doch lächerlich.

Mutter Ja. Leider.

Vater	Ein Vorschlag zur Güte: Du kochst am 24. so viel, dass es auch noch für den Christtag reicht.
Tochter	Ein Restlessen?
Sohn	Zu Weihnachten? Also bitte.
Tochter	Der Onkel Poldi sagt doch immer, er verträgt nix Aufgewärmtes.
Sohn	Der Onkel Poldi ist ein alter Tyrann.
Vater	Red nicht so. Er ist mein letzter noch lebender Onkel. Wer weiß, wie lange wir ihn noch haben.
Tochter	Oder die Mama.
Vater	Was?
Tochter	Oder wer weiß, wie lange wir die Mama noch haben.
Vater	Was?
Tochter	Die Mama geht grad. Mama! Wohin gehst du?
Sohn	Das war die Tür. Zugefallen.
Vater	Sie kommt sicher gleich wieder.
Tochter	Wo ist sie hin?
Vater	Keine Ahnung. Vielleicht spazieren.
Sohn	Oder zur Restplatzbörse.
Tochter	Oder um Zigaretten.

Inhalt

Elfriede Hammerl
Der verpasste Mann
Roman
264 Seiten. Deuticke 2004

Was wäre gewesen, wenn? Klassische Frage. Meistens nicht beantwortbar. Anders für Marie. Sie erfährt eines Tages, was gewesen wäre, wenn … Und kriegt die Chance, eine alte Entscheidung zu korrigieren. Soll sie in ein anderes Leben umsteigen?
Marie hat sich seinerzeit gegen den aufregenden Paul und für den zuverlässigen Hans entschieden. Und zweifelt seitdem daran, ob die Entscheidung richtig war. Zumal sich Hans zu einem unzufriedenen Nörgler entwickelt hat, der ihr wie ein Klotz am Bein hängt. Da taucht plötzlich der geheimnisvolle Onkel Gregor auf und bietet ihr an, in einen Tag aus ihrem verpassten Leben mit Paul zu schauen.

»Der wunderbare Wortwitz, der sowohl die Dialoge als auch die Beschreibungen der Charaktere auszeichnet, und die spritzig-fließende Sprache machen schmunzeln. Gesellschaftspolitische Frauenproblematik in leicht sprudelnde Ironie umzuwandeln, das ist das Talent der Elfriede Hammerl. Dieses Buch jedenfalls zählt zu den wenigen, die frau nicht weglegen möchte, bevor sie ausgelesen sind.«

diestandard.at

»Was sollte eine Frau tun, wenn sie glaubt, den falschen Mann geheiratet zu haben? Flüchten!«

FürSie

Elfriede Hammerl

Müde bin ich Känguru

Nachrichten aus dem Krisengebiet Patchwork-Familie

256 Seiten. Deuticke 2006

Teresa ist sechzehn. Mit ihrem Vater Hannes, dessen zweiter Frau Betty und ihren vier Stiefgeschwistern lebt sie, alles andere als glücklich, in einer Patchwork-Familie. Sophie, Teresas Mutter, die nichts gegen eine Nacht mit einem Popstar hat, ist mangels mütterlicher Triebe für Teresa nicht gerade der Hauptgewinn, und auch die Stiefgroßeltern sind nicht so richtig das, was man sich oma- und opamäßig wünschen würde. Ein Trost ist, dass die meisten ihrer Freunde in ähnlichen Konstellationen leben, niemand ist so richtig zu beneiden.

Teresa hat gelernt, sich zu wehren, aber sie ist doch auch noch ein Kind, verletzlich und schrecklich allein in einer Welt von angeblich erwachsenen Egoisten.

Eine böse, parteiische und melancholische Geschichte über das Krisengebiet Patchwork-Familie.

»Mit großem Witz schildert Hammerl die Nöte von Patchwork-Kindern, gibt sich erfrischend parteiisch und bleibt dabei dem treu, was sie beschreibt: dem ganz normalen (und damit zwangsläufig parteiischen) Mitanderleben.«

profil

»Ein Kaffeekränzchen im Kreise der Liebsten – ein bitterböser Lesegenuss!«

Brigitte